Ⓢ新潮新書

佐伯啓思
SAEKI Keishi

死と生

774

新潮社

まえがき

私は、２０１７年5月に『経済成長主義への訣別』（新潮選書）と題する書物を上梓《じょうし》しました。この書物のテーマは、書名からもわかるように、「脱成長主義のススメ」といったところです。あくまで「脱・成長主義」であって、「脱成長」というわけではありません。何が何でも「成長経済」をやめようというわけではありません。「成長主義」に囚《とら》われるのはもうよそうということです。

とはいえ、この主張の背景には、今日の日本は（いや世界の先進国全体が）、もはや「成長主義」を信奉するほどに経済成長できる時代ではなくなった、という認識があります。だから、脱成長主義へと思考を変換するほかなかろう、ということなのです。そして、それは決して虚しいことでもなければ、悲観的な事態でもない、と思うのです。

ところが、こういうとたちどころに次のような反応が返ってきます。

お前さんはいったい何という時代錯誤の話をしているのだ。脱成長だとか、ゼロ成長だとか、定常化社会だなど、江戸時代じゃあるまいし、そんな悲観主義や敗北主義でどうするつもりだ、日本がじり貧になってもいいのか。こういう批判とも叱咤《しった》ともつかないような反発がくるのです。しかも「識者」といわれる人たちはいいます。いまや新しいテクノロジーのイノベーションの時代に突入しているのだ。AIやロボットや生命科学は世界を変えようとしている。おまけにアジア市場は急拡大しつつあり、グローバルな市場を取り込めば日本はもっと成長できる。いまはその絶好のチャンスなのだ、と。

確かに、日本人はもともとすばらしい発明の才と世界でも比類ない勤勉さをもっており、イノベーションにおいて日本は世界をリードできる、というのも間違いではないのかもしれません。

しかし、それはそれとして、私はつい「待てよ」と考えてしまうのです。

政府も識者も財界人も、イノベーションとグローバリズムで日本は成長できる、経済はよくなる、われわれの生活は大きく変化する、というのですが、同時に、今日の日本の大問題は、人口減少社会化、高齢社会化ではなかったのか、と思ってしまうからです。いや、「思ってしまう」などという主観的かつ印象的ないいかげんな話ではなく、まぎれもない客観的かつ統計的な現実なのです。

すると、このふたつの傾向を掛け合わすとどうなるのかというと、年寄りばかりが国

といっているわけです。

ーションをどんどん推進し、グローバルに活躍できる人材を育てれば大きく成長できる、

土を覆《おお》ってゆくこの日本社会で、ＡＩやロボットやドローンや生命科学といったイノベ

　そんな変化の激しいグローバルな社会で果たして年寄りが幸せになるものなのか、とも思いますが、それはともかく、イノベーションとグローバリズムの掛け声で成長主義を唱えることで、何か大事なものが見失われる、もしくは、視界から外されてしまうのではないでしょうか。そうだとすれば、それはゆゆしき問題です。

　高齢化社会とはまた、本来は、もはやモノを増やして、生活の物質的な向上を求めるような経済段階ではありません。食べ物や着るものや遊ぶものをいくら増やしても、それほどありがたみのある社会ではありません。それは本来は成熟社会のはずなのです。成熟社会とは、長い人生の生の意味づけや、やがてすべての人に訪れる死への準備へと人々の関心が向けられる社会です。

　人生の最後をどう迎えるか、というのはただ高齢者だけの関心ではなく、本当は、若者もマスメディアも含めて、ひとつの国民のもつ死生観の問題なのです。ただ日本のような「超」高齢化へと突入する社会は、この普遍的な問題を、実際上、高齢者の切実な

社会問題へと押し上げてしまうのです。ただそれは、私には、介護施設やターミナルケアといった目に見える社会問題であるだけではなく、それ以上に、まずはひとつの国民の精神的な文化や内面的な価値の問題だと思われるのです。

にもかかわらず、現実には、高齢化社会のもつ精神的価値や文化への関心などどこかへ吹っ飛んでしまい、もっぱら、「一億総活躍社会」をつくれば日本はますます元気になる、といった調子になっている。

もともと、私は、「みんなでがんばればなんとかなる」があまり好きではありません。子供のころからそうで、学校の運動会のクラス対抗リレーやなんかで、わがクラスはどうみても勝てそうもない面子が並んでいるのに、「みんなでがんばればなんとかなる」式のはりきりリーダーがあらわれてくると、「そういったって、無理なものは無理だろう」とついいいたくなるのです。それよりも、どうすれば負けっぷりがよくなるか、あるいは負けた時の言い訳をどうするか、ようするにどうやってカッコよく負けるかをみんなで笑いながら話し合った方が楽しかろう、と思ってしまうのです。もともと私は「成長主義」や「進歩主義」に向いていなかったのでしょう。

ところが、今や、いたるところで「みんなでがんばれば……」です。「みんなでがんばれば日本はグローバル競争に勝てる」「みんなでがんばればもっと成長できる」「みんなでがんばればわが町はよくなる」から始まり、「みんなでがんばれば日本の中高校生の学力は世界の上位になれる」「みんなでがんばればわが校はエリート進学校になれる」というわけです。確かに、政治家も経営者も、「みんなでがんばれば勝てる」とはっぱをかけるほかないのでしょう。しかし、グローバル経済は国別対抗リレー大会ではありません。中学高校での教科教育も頭脳のオリンピック競技ではありません。

そもそも、この「みんなでがんばれば……」式発想は、明治以来の日本近代化の宿痾のようなもので、明治からあの昭和の大戦争まで、日本は、このやり方でそれなりの大国になりました。西洋列強に追いついたのです。表面的にみれば大成功でしょう。しかし、その同じ精神で「みんなでがんばれば米英も打ち負かせる」といってあの大戦争に飛び込んだのです。もちろん、戦争の理由はそれだけではありませんが。

そして戦争には負けたものの、戦後は戦後で、また「みんなでがんばれば……」が復活した。「みんなでがんばって」高度成長を達成し、「なせばなる」でオリンピックで金メダルをとり、1980年代には経済力でアメリカを脅かすに至ったのは事実です。

しかし、明治からあの戦争前までの「みんなでがんばれば」を支えたのは、いうまでもなく、西洋列強への対抗心でした。さもなければ日本は自立・独立を確保できない、という恐怖感があったのでしょう。戦後はといえば、敗戦でボロボロになった後の屈辱感と再建への強い意欲がありました。戦後日本の経済の立役者たちには、経済力で再びアメリカに挑み、アメリカを打ち負かせたいという強い思いがあったのでしょう。敗戦の屈辱感が戦後の「みんなでがんばれば」を支えたのです。

ところが、1989年に冷戦が終わり、いわゆるグローバル化の時代になると、本当は状況はすっかり変わっていました。日本は、世界で第二位という押しも押されもしない経済大国になり、先進国でも類をみないほどに便利な国になった。東京・新大阪間の新幹線が10分おきに走り、しかも定刻通りに毎日運行できる国などまずありません。犬も歩けばすぐにコンビニにぶちあたるという国もありません。何かに追いつくという時代はとっくに終わったはずでした。

確かに、そのはずだったのです。にもかかわらず、今やまた「みんなでがんばって」になった。今度は、中国がでてきた、韓国がでてきた、東南アジアが元気だ、ボーッとしていると日本は追い越されてしまう、というわけで、「追いつき願望症」から「追いつかれ不安症」への転換がなされた。そこへきて、90年代以降のほぼゼロ成長です。このままではグローバル競争に取り残される、という。今度は「取り残され恐怖症」というわけです。

私には、経済成長が可能か否かよりも、われわれが、この、人口減少・高齢化社会であり、しかも成熟経済のどまんなかにあって、いまだに「成長主義」に囚われていることの方が奇妙に見えるのです。そして、政府の掛け声が正しければ「人生100年時代」とやらを迎えて、実は、多くの人は、改めて、長い人生をどう過ごすのか、そしてさらに大事なことに、それをどうやって終わらせるのか、という切実な疑問を抱いているのではないでしょうか。

実際、経済成長が可能か否《いな》かなどというよりも、生の意味や死の意味を問うことの方がはるかに人間的な問いでもあり、若干、大げさにいえば、人類の普遍的な問いではないでしょうか。古代のエジプト人が、死後の魂にたいへんな関心をもった事実はよく知られていますが、おそらくは縄文時代の日本人でも、ただただ生きるために食物を探しまわっていただけではなく、生を可能ならしめるために儀式めいたことをやり、死後の世界にさえも無関心ではなかったでしょう。歴史をもう少し手前まで手繰り寄せれば、人々は、確実に、生を可能とするものや死をもたらすものに強い関心を持っていました。

つまり宗教的意識であり、死生観です。

にもかかわらず、この高度な情報・産業社会にあって、われわれは、ほとんど生と死の問題についての関心をもてなくなっているのです。いや、それを思考の上に乗せる糸口を失ってしまっているのです。われわれが、今、生きているような高度な経済社会、自由な社会、科学や個人主義が勝利した社会にあって、死生観を問うことはたいへんに難しくなってしまいました。しかし、そのことをもはや一言も論じることなく、経済成長こそが進歩だ、などといっているわけにはいきません。ただ、もはや共通了解としての死生観などなくなってしまった時代には、われわれは、みな、自分の死生観を自己流に探し出すほかないのでしょう。

本書は私なりの死生観の試みです。結論などというものは出るはずもありません。このように考えてみた、というだけのことです。ひとことだけ付け加えれば、「私なりの死生観」といってもゼロから生み出すことなどできるはずもなく、どうしても歴史的な観念に頼るほかありません。どれほど私的で個人的といっても、価値観はその国民なりの歴史的伝統とは決して切り離してはありえないからです。私の場合、日本の歴史的伝統において「仏教的なるもの」から多くのことを学んだということを付け加えておきます。

死と生 ∞ 目次

第一章　超高齢化社会で静かに死ぬために

今日の世界が明日は否定される社会

「まえがき」にも書きましたように、今日、われわれは、相当程度に「豊かな社会」に生息し、物的な富やそれにまつわる情報量という意味では、ほとんど飽和状態といってもよいぐらいです。もちろん、人間の欲望には限界がないともいうことはできますが、それにしても、何としても満たしたいという欲望の強度、つまり「渇望感《かつぼうかん》」が低下していることは間違いありません。にもかかわらず、われわれは、いまだに経済成長主義という価値に縛り付けられているように見えます。だが、この「成長主義」は何を意味しているのでしょうか。

念のために繰り返しておきますが、私が関心をもっているのは、現実に経済成長が可能か否かではなく、成長主義が前提としている「価値観」についてなのです。現実に成長率が上がるかどうかにはあまり興味はないのです。そうではなく、ともかくイノベーションを起こして成長するほかないという、強迫的な考え方を問題にしたいのです。『経済成長主義への訣別』を書いた動機もそこにありました。

成長主義は、「経済成長こそが人々を幸福にする」という価値観に基づいています。そして、それはある前提に基づいているのです。

「若くあることがよいことだ」という前提です。経済成長は、基本的に活力あふれる状態をよしとするという意味で「若さ」に大きな価値をおく。今日のようなイノベーションを加速する時代はまさしく「若さ」を賞揚《しょうよう》する時代です。

経済発展をうみ出すイノベーションとは、経済学者のJ・A・シュムペーターも述べているように、ただ新規なものを付け加えるというようなことではなく、既存の枠組みを「破壊」するような活動なのです。既存の技術や制度だけではなく、既存の価値観を破壊し、それにとって代わる新しい価値を「創造」することなのです。なぜなら、本当に新しい技術の開発は、既存の資源を奪い取り、また市場を奪い取るからです。だから、本当のイノベーションとは、ただ新技術の登場というだけではなく、まさしく「創造的破壊」だと彼はいっていたのです。

実際、この十数年のＩＴ革命や、今後生じることになっているＡＩやロボット、生命科学のイノベーションなど、それが本当に成功し、実現すれば、既存の社会の枠組みや人々の価値観を大きく変えるものと期待されている。そして、それを歓迎し、すぐに適応するのは若い世代でしょう。年寄りに、ＡＩと仲良くしてロボットと戯《たわむ》れろといってもかなり苦しいでしょう。だから、イノベーションが継起し、それによって経済成長が可能な社会とは、「若者中心」の社会なのです。「若さ」を賞揚する社会なのです。

ところが、物事には順序があって、今日の若者は、必ず、明日には中年になり明後日には老人になります。「若さ」など、はかないものなのです。だから、常に世代交代を促し、主役をたえず交代させていく社会になるのです。

「成長」とは、昨日よりも今日の方がより便利になり、生活はもっとよくなり、より幸福になっている、ということです。今日よりは明日の方がよりよくなっている、ということです。つまり、たえず過去は否定され、乗り越えられるべきものとなる。昨日の世界は今日によって否定されるのですが、今日の世界もまた明日によって否定されていく。主導権はたえず若い方へと移譲されてゆく、新陳代謝の激しい社会だということになる。

だから進歩とは、若さによる新陳代謝の促進であって、イノベーションによって軸が次々と新しいものへと置き換えられてゆく社会では、常に人々の視線は将来へと向けられ、過ぎ去るものは忘れ去られ、場合によっては破棄されてゆく。やってくるものは歓迎され、老いてゆくものはすぐに忘れ去られる。こういう社会でしょう。

われわれはいまそんな社会に現実に生きている。これはただ産業構造の変化とか就労構造の変化ではなく、ひとつの社会的な価値観の問題であることに注意してください。過去は否定されるべきもの、乗り越えるべきものであり、既存のものは無駄なものと等値される社会であり、その逆に、将来へ向けられたものは、何か希望にみちて歓迎すべきものとみなされる社会。若さ、活力、独創性が価値をもち、他方で、老い、静寂、伝統は価値を失っていく社会。これこそが経済成長主義を支えている社会的価値観といってよいでしょう。これほどはかなく、むなしいことはありません。

しかし、実は本当にこんなことを、みんな本気で信じているのでしょうか。過去は今日によって否定され、今日は明日によって否定されるとなると、いったいどうなるのか。今日、一生懸命に働き、何かを生み出したとします。しかし、それはすぐに過去のものとなり不用か、もしくは時代遅れになってしまう。こんなことを続けていて、本当に

「やる気」など起きるのでしょうか。すぐに否定され、別のものにとって代わられるものを生み出すために必死に働き続ける。明日にでも自己を否定されるために働いているようなものです。それでも「活力」が出るのでしょうか。

しかも、それは一人の一生を見てもそうです。イノベーションが加速され社会変化の速度が速くなればなるほど、現役として社会の主役である期間は短くなる一方でしょう。今日のＩＴ関連テクノロジーなど、10年もたてば、新技術にはとてもおよびません。おくれるものは久しからず、すぐに次の新しい時代がやってくる。自分自身が働き、関与しているイノベーションのおかげで、やがて自分自身もお払い箱になってゆく。進歩というものは、恒常的な自己否定、自己破壊とさえいってもよいのです。

年寄りが「生きた粗大ゴミ」になる

これは少々、誇張した言い方かもしれません。そこまで急速で全面的な社会変化も急激なイノベーションも現実に起きるわけではないでしょう。ということは、いずれにせよ、大きな経済成長はもはや不可能だということです。だから、実際には、それほど急激な社会変化は生じないのかもしれません。

しかし、あくまで価値観として見れば、経済成長主義とは、たえざる自己否定そのものなのです。そして、現実に、今日の経済は、「画期的なイノベーションによってまったく新しい社会が出現する」という自己暗示によって成長力を確保しようとしている。ところがこの自己否定のあげくに「老い」が必ず、しかも早々とやってくる。

今日、60歳を過ぎてもまだ心身には余力がありますから、しかも社会は労働力不足なので、老人も70歳まで働け、ということになっている。しかし、彼らはもはやイノベーションの先端にいるわけではない。さしてGDPを構成する消費に貢献するわけではない。端的にいえば、年寄りは経済的には存在価値はなくなってゆく。だから、成長中心主義にたてば、老いることに価値を見出すのはたいへんに難しくなるでしょう。たとえは悪いのですが、老いれば、さながら「生きた粗大ゴミ」のようなものになり、経済成長こそがこの「ゴミ」を生み出していくのです。自分がやがては粗大ゴミになることを、われわれは本気になって賞揚し、必死になって進めてよいものなのでしょうか。

ところが、実は、この「若さ」を賞揚する今日の日本こそは、まさに世界に冠たる老人社会、つまり、超高齢化社会になろうとしているのです。まず次のような決定的な事実があります。今日65歳以上の高齢者人口はすでに3000万人を超えていますが、2

025年には約3700万人になると予想されています。そして、そのうちの10％近くの約350万人が認知症になるとみられている。また、高齢者の一人暮らしの世帯は2025年で680万世帯（約37％）と推計されているのです（国立社会保障・人口問題研究所の推計）。へたをすれば相当な数の認知症老人がそのあたりを徘徊《はいかい》しかねない。私もその一人ですが「生きた粗大ゴミ」が巷《ちまた》に大量放出されることになるのです。

これが「2025年問題」といわれるもので、戦後日本の経済成長を牽引してきたいわゆる団塊の世代（ベビーブーム世代）が、75歳以上の後期高齢者になるからです。もちろん、介護施設も増加するでしょうが、それでも確実に不足するといわれている。介護にたずさわる人材は、2025年で少なくとも約250万人が必要だと推計されているにもかかわらず、今の見通しでは、約215万人ですから、このままいけば、40万人近い人材が不足することになります。これは相当な人数です。そして、それに応じて、「生きた粗大ゴミ」になった老人が、介護を受けられずに、文字通り「放置」されることになる。

これが「超高齢化社会」という現実で、もはや、7年後にはわれわれは「2025年問題」に間違いなく直面する。にもかかわらず、イノベーションと成長主義にいまだに囚われている、ということになる。もちろん、それだからこそ経済成長が必要なのだ、という議論もありうるでしょう。成長主義論者はそのようにいうのでしょう。介護や福祉にも金が要《い》る。医療にも金が要《い》る。だから、財政を拡充するにも成長が必要だ、と。

かなりの率で成長できればそれも可能かもしれません。しかし、そもそも、高齢者が人口の4分の1も占めるような超高齢化社会は、成長できる社会であるはずがない。後期高齢者に、AIやロボットを与えて、新製品を次々と買え、などといってもとても無理なことで、市場が拡張する見込みはまずありません。最新医療の分野は後期高齢者と密接に関係するかもしれませんが、そうすると、月刊「新潮45」誌上で、医師の里見清一先生も力説しているように、膨大《ぼうだい》な財政負担がかかってしまい、そのこと自体が成長力を阻害《そがい》するのです。

まずは、このような厳然たる事実と推論を受け入れる必要があるでしょう。イノベーションによる経済成長主義を唱えることは、このような悲惨な現実とまったくかみ合わないでしょう。それは、経済成長を支える価値と超高齢化社会を支えるべき価値が正反対で、まったく齟齬《そご》をきたす、ということなのです。経済成長主義を支える効率性と生産性至上主義は超高齢化社会のものではない。

「みんなでがんばれば」も「能力のあるものががんばれば」もともに、来たる超高齢化社会にはふさわしくありません。これでは、何の生産性も発揮できず、将来への期待ももてない、しかもへたすれば路上へ放り出される後期高齢者は、文字通り、大量の「生きた粗大ゴミ」になってしまいます。そして、いずれにせよ、われわれはそういう無様な社会へとすでに入り込んでしまっているのです。

孤独に老いてゆくこと

本書の読者のなかには、そんな脅しは団塊の世代の身勝手な言い分だ、という人がいるかもしれません。私もその世代の最末尾にくっついているので、そんな話は、お前だけが自分の老後を心配しているだけだろう、といわれるかもしれません。

しかし、もちろんそうではありません。これは社会全体の現実的問題であって、別に年寄りだけの話ではない。しかも誰もが必ず年寄りになります。繰り返しますが、これは、ある社会が、それによって秩序を維持する価値観の問題であり、個人のレベルでいえば、それによって個人が人生や生活を維持する根本の価値観にかかわる事柄なのです。

大量の孤独な老人が出現する。独居老人、徘徊老人が出てくる。それどころか暴走老人、逆走老人まででてくる（実際、今も、車を暴走・逆走する老人がいます。老人による交通事故も頻発《ひんぱつ》しています）。かつては、まだ三世代同居家族があって、高齢化問題は家族のなかで処遇されていました。へたをすれば「粗大ゴミ」になりかねない老人も、孫からすれば「おじいちゃん」「おばあちゃん」であり、価値を認められていた社会だった。また、地域がまだそれなりに機能していたので、たとえ徘徊しても、いわば自分のホームグラウンドの内をさまよっていたのです。そして、地域内で処遇されていました。

しかし、三世代同居などまずなくなり、二世代同居も子供が巣立つと同時に一世代になり、夫婦のどちらかが死ねば文字通り、独居ということになる。しかも、現在、50歳まで一度も結婚したことのない人の割合を示す「生涯未婚率」は男性が約23％、女性が約14％です。これらの人はそもそも世帯をもたないのです。

私には、これは、福祉や介護といった社会福祉や社会制度で解決できる問題だとはとても思えません。政府やエコノミストは、だからこそ、イノベーションを加速させ、福祉や介護の現場にロボットやＡＩを導入すべきだ、というのです。そんなにうまく機能するものでしょうか。そのことに反対はしませんが、私に関心があるのはそんなことではありません。価値観、もしくは「死生観」の問題なのです。

60歳過ぎになって定年で仕事をやめ、いわば社会から放り出されて一人でいる、ということ。そして、そのままどのようにして死を迎えるか、ということ。一人で老い、死へ向かうこと。その最後の生をどう過ごすか、ということ。ある意味では、この人間の普遍的な問題にわれわれは、日々、この高齢化が進む社会で、誰もが改めて直面し、もはや目を背けることができなくなった、ということなのです。

かつては家族があった。地域もあった。それが、かろうじて老いや死の露出を回避していたのです。しかし、今日、家族も地域もほとんど崩壊状態になってしまうと、われわれは、むきだしの老いや死に直面せざるをえなくなる。いや、この人間の生の普遍的で根本的な問題がむきだしのままで露呈してきたのです。

しかし今日、老いや死に面して、それをいかに受け入れるか、あるいは処遇するかというと、われわれには何の手掛かりもありません。最悪のレベルで考えれば、認知症になって周囲に迷惑をかけ、意味不明のことを口にしながら町をさまよい、やがては、他人や警察などに保護されるなどして、それなりの施設に閉じ込められるという事態は、考えるだけでもうっとうしくなるでしょう。

いや、認知症が徹底すれば、少なくとも本人はさほど苦痛も苦渋もないのかもしれません。むしろ、その逆で、頭脳も意識も明瞭なままで老いることの方がもっとたいへんかもしれません。よく老衰は理想的な自然死だ、などといわれますが、決してそうではありません。徐々に自分の体が動かなくなってくる。呼吸も苦しくなってくる。長い闇夜を一人でさまようがごとく死への時間に耐える。こうしたことをきわめて明瞭な意識のもとで、しかもかなりの時間にわたって向き合わねばならないとすれば、これほどのおそろしい苦痛もあまりないでしょう。

病院にいようと施設にいようと、「孤独死」には変わりありません。生老病死のうちの老病死は、いずれにせよ孤独以外の何物でもありません。そして、この生の終末の孤独を人間存在の本質の露呈だとすれば、実は、生もまたおそろしく孤独だということになるでしょう。

仏陀のように、生老病死すべて苦、というほどの確信は私にはとてもありませんが、それがひとつの死生観であることはそれなりに理解できるのです。

しかし、それならば、どうして仏教は「自死」を推奨していないのか、という疑問もでてきます。生老病死が苦であれば、解脱を求める仏教は、自死を推奨とまではいかなくとも、少なくとも、自死に対してかなり寛容なのでは、と思ってしまうのです。しかし仏陀は自死を全面的に否定はしていないようですが、かといって、もちろん推奨はしていません。このあたりのことはまた後章で論じてみたいと思います。

成長主義に背を向けた「人生フルーツ」の愉楽

ところで、少し前に、「人生フルーツ」（伏原健之・監督、東海テレビ放送・配給、2016年）という映画を観ました。ミニシアターでの上映ですが、かなりの盛況のようで、私が京都で観た時も満員でした。

この映画は、戦後の日本の住宅開発・大規模団地開発をリードしたある建築家のドキュメントです。この人、すなわち津端修一さんは、当時の日本住宅公団（現・都市再生機構）で、高度成長期の大規模ニュータウンの計画に携わった建築家です。60年代に彼は愛知県の高蔵寺ニュータウンの計画に参与するのですが、自然との共生という彼の考えは、高度成長のなかで受け入れられません。そこで彼は、このニュータウンのなかの一角に土地を購入し、そこに雑木林を作り、畑を作り、平屋の家を建てて生活するのです。映画はそれから半世紀ほどたち、すでに90歳になった津端さんと87歳の妻の英子さんの日常をドキュメントにしたものです。

彼の生活は、雑木林を吹き抜ける風とともにあり、毎日の三食は、基本的に自分の畑と果樹園でとれる作物による自給自足です。もちろん、完全には自給自足できませんから、コメや肉や魚は、だいたい津端さんが自転車に乗って買い出しにいきます。風が吹けば枯れ葉が落ち、雨が降れば雨水が土壌を育て、そこに野菜や果物ができる。それを食べた人間が、この土をたがやし、草木、野菜、果物の面倒をみる。こうした循環的な共生の上にこの老夫婦の生活は組み立てられているのです。

昔は、このような光景は決して特異なものではありませんでした。むしろ、少し田舎や都市の郊外へいけばいくらでも見られたものです。今でも、田舎にいけばこうした生活は残っています。ただ、津端さんは、それを戦後の日本の高度成長を象徴するような大規模ニュータウンの真ん中でやっている。だから、彼の「自然との共生」は本当の自然ではない、という見方もできるでしょう。作り出された自然だということもできます。それどころか、この「作られた自然」を維持するためには、毎日、たいへんな労力を要しているのです。

ここには、「若さ」とともにあるイノベーション、成長主義には背を向けた「老い」

の生のひとつの形が見事に表現されていて、何か、あるすがすがしさを感じさせてくれるのです。「若さ」が、今日よりは明日を、より豊かで、より便利で、より効率的なものにしようとするのに対して、この老夫婦の生は、ゆっくりと、自然の息吹を感じながら、毎日同じことを繰りかえすことに全エネルギーを注ぐのです。便利さよりは不便さの、効率性よりは非効率の与える愉楽を味わうがごとく終末への時間を過ごしてゆくのです。

この映画を製作したのは東海テレビ放送ですが、このドキュメントの製作中に津端さんは急に亡くなります。ドキュメントでは、そのあたりのことも淡々と描いているのですが、まったく何の予兆もなく、いつもと同じ生活をしている中での実に静かな死であったようです。もちろん、ご本人は何かを感じていたのかもしれませんし、体の衰えは当然意識していたでしょう。しかし、映画を見る限りは、実に静かな自然の死でした。

今日における「隠遁」の実験

今日、われわれはこういう死をもつことはめったにできません。まわりにほとんど迷惑をかけない静かな自然死などという理想は、ほとんど僥倖《ぎょうこう》に過ぎません。しかし、こ

ようにあるの上にな延長自然さにまのその生、は死かな静のさん津端、るとていを観の映画
分自に一角な小さその、てっくつをに雑木林かなのンウタールーニュ。すまいましてじ感に
りくっゆ、て育を野菜や草木、き聞をりずえさの鳥、じ感を吹息の風、けうもを場所の
うといいしわさふが死なうよのこ、はに生うとい、る送を日常生活のりくづ手ばわいと
。すまきてしが気

これはいってみれば、今日の「隠遁《いんとん》」のひとつの形かもしれません。グローバル競争
とやらで、次々とイノベーションを起こし、社会を変革し、もっと便利な社会を作ろう
とあくせく競争し、多大なストレスを抱え込む今日の資本主義に背を向けようとすれば、
いわば「世俗内的隠遁」しかないのかもしれません。

出家などといって宗教による脱俗も難しければ、俗世のまんなかで隠遁するのもひと
つの方法でしょう。もっとも、津端さんの場合、その死の直前に、九州のある病院から
思いもかけない仕事の依頼がきて、それをきわめて短時間で仕上げます。いつも準備だ
けはしていたのです。隠遁とは少し違うかもしれません。しかし、老人には、この世俗
のうちにあってどのように隠遁するかを実験する時間があるのです。

第二章　「一人では死ねない」という現実を知る

死ぬと、世界はどうなるか

もう20年以上前のことですが、大学時代の恩師が重篤《じゅうとく》な病気に倒れ、お見舞いに行きました。亡くなる半年ほど前のことだったと思います。その時、死とはどういうものか、といったような話になり、次のように聞かれました。「君は、死ぬということで、自分の周りの世界が消え去ってしまう、という感じをもちますか。それとも自分が消えてしまう、という感じですか」と。

私はすぐに「僕は、まずは自分の周りの世界が一気に消えてしまう、という気がする」と答えました。事実、そう感じていたのです。すると、恩師は、「そうですか。僕はまったく逆だなあ。世界から自分だけがいなくなる、という感じですね」とおっしゃった。

実際、そのころ、私には、死ぬと、世界が一気に消えてしまう、という感じの方が強く、自分だけが退場する、というようなイメージはなかなかもてなかったのです。

もちろん、世界が崩壊して自分だけが残るなどということはないので、理屈でいえば、自分だけが消えてゆくのです。しかしまた、自分が死ぬということは、自分が知り活動しているこの世界がなくなることを意味している。だから、自分が死ぬことは、同時に世界が意味をなさなくなり、世界が崩壊することでもある。その意味では、「世界がなくなる」といえなくもないでしょう。

その時、「君はえらく実存的ですね。まだ若いからかなあ」ともいわれたことを憶えています。確かに、実存的といってもよいし、自己中心的といってもよいかもしれません。「自分が死ねば世界はなくなる」ということは、この世界は、あくまで「私にとって」のものとして認識されている、ということです。主観主義といってもよいでしょう。「世界」は私が認識する限りで、私にとっての存在する世界なのです。

だから、「私が死ねば世界がなくなる」というのもまた当然で、別に不思議なことをいっているわけでもないのです。この立場からすれば、「私」があるから「世界」もあるので、「私の死」とともに「世界」が消えるのは当然のことになる。

しかし、もちろん、その逆の立場も十分に理解できます。いや、「世界」は残って「私」だけが消える、という感覚もまぎれもなく存在するでしょう。

確かに、この二つの違った感覚があって、どちらももっともなのですが、しかし、この両者の感覚を同時にもつわけにはいきません。「私の死」を、「私」の側から見るか、「世界」の側から見るかでは、かなりイメージも異なってくるのです。

さて、それから二十数年たちました。私自身、この恩師が亡くなった年齢をとっくに過ぎてしまい、年金を受給する歳になりました。そして、いまあの話を思い出してみると、今度はその時の私の感覚がなかなか理解できないのです。今なら私は確実に「世界は残り、自分だけが消えてゆく」という感覚を支持しています。すると、やはり、あの実存主義は若さゆえの独断だったのでしょうか。

改めていうと、かつてはこのように思っていたのです。簡単にいえばこうです。「死んでしまえばどうせ全部終わりだ。なんにもなくなる」「どうせ死んでしまえば全部なくなるのだから、それでいいじゃないか。世界もなにもないのだから、未練もなにもないさ」ということです。これに対して、いまの感じはこうです。「私だけが消え去ってゆき、この世界は残り、続いてゆく。だけどそれは私にはもうわからないことなのだ」と。

このように書けば、私が若い時に感じていた実存的で主観的で自己中心的な感覚の方が、さばさばと死を受け入れて恬淡としているように、一見、思われるでしょう。後者の、現在の私の感覚は、どうもこの世界への未練たらしく、往生際が悪そうに聞こえるかもしれません。

しかし、実際には必ずしもそういうものでもないのです。二十数年前に「死」ということを考えても、やはりどこか観念上のことだったのです。本当のリアリティの感覚がないのです。そこでは、「生」と「死」がきれいに分断されていて、「生」が失われれば、一気に「死」にいたる、と考えている。世界のなかで生き生きと活動している「生」が、一気に「死」へと飛躍、もしくはストンと下落し、そのときに同時に世界も崩壊する、という終末論的なイメージなのです。それはきわめて観念的なものでしょう。

にもかかわらず、「生」と「死」はそれほど見事に断絶して、きれいに分かれるものではない。人は老いていき、活動力を徐々に減退させてゆく。足腰が立たなくなる。視力も弱くなってくる。世界は少しずつ色あせて力を失ってゆく。とはいえそれは、まだそこに厳然としてあるのです。「こいついよいよ危いな」というわけで、誰かに病院に担ぎこまれても、そこには現実の世界がちゃんとあるのです。まず病院という世界がそこにはあり、白衣を着た医師や看護師が忙し気に動き回り、外の世界から、まさにその外の空気をまとって見舞客がやって来る。その世界のなかで、自分一人だけが徐々に衰弱し、世界の片隅へと追いやられてゆき、少しずつこの世界から遠ざかってゆく。「死」とは、まさしく生老病死の順番にやってくるのであって、「生」と「死」の間にはたいてい「老」と「病」が挟まっている。つまり、「死」は「生」が一挙に失われるなどという一瞬の断層によって与えられるものではなく、その間に「老」と「病」を挟んで移行する緩慢なプロセスなのです。

本当に恐ろしいのは「死に方」である

この種のリアリティは、二十数年前には私にはわかりませんでした。「死」は「生」と対立するものであり、「生」を一気に無化するものである。とすれば、「私の死」は、「私の生」つまり、私にとって意味のあった「世界」の瞬間的な崩壊で、すべては「無」へ消えさるものである。こういう若き日（といってももう40歳を越していたのですが）

の死生観は、あくまでひとつの観念であった、と思うのです。

確かに、「死は観念である」と、哲学者の三木清も『人生論ノート』（新潮文庫）のなかで書いていますす。そのことに間違いはないでしょう。人は誰も「死を経験する」ことはできません。経験とは生の範疇《はんちゅう》にあるもので、決して死にかかわるものではありえないからです。だから、どう論じても「死」について書くことも考えることもすべて観念であるほかありません。死は不可避ですが、死の経験は不可能なのです。

しかし、それでも、それをより実感に近いものとして感じるには、「生」と「死」の間に「老」か「病」、あるいはその両方がさし挟まれなければならない。「死は観念である」というのは、「死」が必然だとしても、それがいかにも「観念的な観念」であるか、「実感的な観念」であるか、という違いはあるのです。

多くの人がいいます。「死など考えても仕方ない」「死などこわがっても仕方ない、どうせみんな死ぬんだから」と。

それはそうです。私もそのことには大賛成です。しかし、こういうことをいうたいていの人が見落としているのは、死とは、生が徐々に衰退し、変形し、われわれの存在の在り方を歪めてゆくプロセスであり、その極限に現れるものだ、という事実です。こういう厳然たる事実を見落としているか、もしくは、見ないふりをしているかでしょう。

われわれが気にしているのは、死そのものではなく、死のほんの少し手前、つまり、死にゆく、その最後の生の在り方です。「死」ではなく「死に方」なのです。「死」は経験できませんが、「死に方」は経験できるのです。いやそれどころではありません。いやおうなく「経験」させられてしまうのです。この経験から逃れることはできません。それが恐ろしいのではないでしょうか。

「死」が恐ろしいとか恐ろしくない、とかいっても意味がありません。経験できないものについて、恐ろしいも恐ろしくないもないからです。しかし、「死に方」は、いやでも経験させられ、それから逃れることはできないのです。

「生と呼べない生」への不安

私は、昔から、わりとよく「死」について考える方でした。実際に、人の死を目撃したことはないし、自身が死に直面したわけではないにもかかわらず、人の逃れえない宿命であり、いわば人間のもっとも根本的な条件である「死」について、漠然とあれこれ考えるクセがありました。それはまた、日本文化の根底に、死も生もすべてを包摂《ほうせつ》してしまう「無」というようなものを感じ、この現世での出来事のはかなさや無常観といったものに、どことなく愛着をもってきたからかもしれません。

しかし、無常観といい、はかなさといい、あるいは、もののあわれといい、いずれもあくまで「生」の側の発想なのです。「死者」を前提とした上での「生者」の発想なのです。自分の死ではありません。

死は近親者であろうと、愛するものであろうと、いずれにせよ、向こう側にある。自分の「死にゆき」を経験しているのではなく、誰かの死を経験しているだけです。他者の死を自分の側へと投影しているに過ぎません。

いや、「だけ」であるとか「過ぎない」というのも適当ではないでしょう。それはそれで大事なことで、確かに、日本人の精神的伝統の根底には、他者の死をわがものとして捉える、という独特の感覚があり、しかもそれを人間存在の普遍的なことわりとみるような独自の感受性があったことは疑いえないでしょう。

これは日本人の死生観や自然観の大きな特質であって、そのことについては、また後ほど改めて論じてみたいと思います。しかしいまここでいいたいことは、他者の死ではなく自己の死へ向かう実感というものは、とても、無常やはかなさ、などというような次元のものではない、ということなのです。

なぜなら、繰り返しますが、死の瞬間まで、われわれはずっと生の中にあり、しかもそれは、老《おい》にせよ病《やまい》にせよ、確実にわれわれの生を蝕《むしば》み、ボロボロにし、少しずつそれを破壊してゆくような種類のものだからです。恐ろしいのは、「死」ではなく「死にきれないこと」なのでしょう。われわれを不安にさせるものは、もはや生とも呼べないような生を生きざるをえない、ということなのです。

とりわけ、われわれが今日生きているこの近代社会は、個人があくまで「個」として生きることを要求します。自己責任とか、個人的自由とか、個人の選択とか、合理的な意思だとか、いずれも「個」を形作る観念や価値を全面的に打ち出してきました。「個」であることこそが近代人の条件だったのです。家族やコミュニティや親族や親密な人間関係などといったものは、二の次にされてしまいました。日本でも欧米でも、戦後にそれなりの高度成長を達成し、さらには90年代以降のＩＴ革命や市場競争や能力主義をへて、ますます自己責任や自己決定が唱えられる。それに反比例して家族や地域は解体していきました。「個人は自由である、ただし、自己の決定には自己が責任を持たなければならない」というわけです。

しかし、この近代社会の理想は、「死」の前では無残に崩れ去ります。「生」が一瞬のうちに「死」へとトランプを裏返すようにひっくり返ればともかく、多くの場合、老と病を挟んだ緩慢なプロセスが続くのです。この緩慢なプロセスのなかで、徐々に身体の自由がきかなくなる。意思はあっても、それが身体では実現できない。歩行も排泄《はいせつ》も自分ではできません。急に倒れて救急車を呼ぶにしても誰かの手を借りなければなりません。苦痛を自分で取り去ることもできません。さらにいえば、死を迎える最後の局面で、治療を続けるのか、点滴を続けるのか、痛み止めを処方するのかどうか、これはもはや(たいていの場合)自分で判断したり、決定することはできません。どうしても他者の手に委ねるほかないでしょう。

人は一人では死ねない

ここに、「死」というものの、もっとも残酷で逃れようのない特質が浮き上がってくるのです。それは、「死」とは、徹頭徹尾「個人的」現象であるにもかかわらず、それを「個人」が自己決定することはできない、ということなのです。

「死」ほど個人的なことはほかにはありません。日常的な「生」のなかで起きる多くの事柄は他者によって代行可能です。少なくとも、想像上の可能性の次元においては代替できるでしょう。しかし、「死」だけは絶対的に代行不可能です。他者の介在する余地はまったくありません。心中などといっても、死にたいもの同士が時間と場所を共有しているだけのことです。あくまで「死」は「個」にやってきます。

これほどの「個」的なことはない。徹底的に「孤独」です。しかし、このもっとも「個」的な行為を、自分ではなしえないのです。もっとも個人的なことがらを、他者の手に委ねざるをえないのです。「死」の前では、近代社会の「自己責任」や「自己決定」など一気に吹っ飛んでしまいます。

だから近代社会は、できるだけ「死」を隠し、「死」について論じたり、思考したり、主題化することを回避したのです。近代社会は、あたかも「生」が永遠に続くかのようにわざと装って、個人の自由や欲望の解放や経済成長を社会のスローガンにしてきたのです。「生の拡充」だけを問題にしてきたのです。もしも、「死」を取り込めば、近代社会の基本的な枠組みが根本から崩れてしまうからです。

先日、三砂ちづるさんという人の『死にゆく人のかたわらで　ガンの夫を家で看取った二年二カ月』(幻冬舎) という本を読みました。末期ガンにおかされた夫を最後まで自宅で介護した経験を書き記したものです。まさに人が死にゆくありさまを書いたものです。徐々に体が弱り、やるべきことが自力でできなくなる夫の姿と、それを介護する自らの経験をこれほど客観化して克明に描くことができるのは、著者が広い意味での医療関係者だからかもしれません（著者は母子保健、国際保健の疫学専門家と紹介されています）。

本書のテーマは、末期ガン患者を自宅で看取《みと》ることは決して怖いことでもたいへんなことでもなく、決意すればできるということを伝えたかった、と著者はいっていますが、それでも本書を読んでいて、私などは、とても耐えられないだろうと思ってしまいます。読んでいるだけで、いってみればプールに飛び込めずに足がすくんだ子供のような心境になってしまいます。

著者は、夫の死にゆくプロセスのなかでもっとも恐ろしかったのは、容態の急変と排泄だったと述べている。そして、このリアリティは、介護経験ほぼゼロの私などにもいやおうなく想像力を刺激するものなのです。何か急に意識を失ったり、急にわけのわからないことをいいだす。医療知識があればともかく、知識も経験もないわれわれは、いったい何が生じているのかわからないのです。確かに容態の急変は恐ろしいでしょう。

しかし、それでも救急車を呼んだり、医者を呼べば何とかなるでしょう。しかし、「排泄との闘い」は掃除サーヴィスを呼ぶわけにもいかず、これは確かに恐怖というほかないでしょう。怖いのは、ただ命に係わる事態だけではなく、日常的なもののもつ圧倒的な非日常なのかもしれません。

著者も書いていますが、確かに、近代という時代は、ウンチ、オシッコをいかにも不浄なるものとして視界から遠ざけ、あたかも、まるで存在しないかのようにしてきました。昔は、汲み取り便所（英語では「ピット・ラトリン」というそうです）で、厠（便所）へいけば、いつもとてつもない悪臭が鼻をつき、下にはウジムシがうごめき、時には、落下物の反動でオツリが返ってきたりもしました。薄暗い臭い場所は、いかにも魔物の住処《すみか》のような気もして、子供は、夜中など、がまんにがまんを重ねて、限界突破寸前に便所にすっとんでゆき、用を足したら、また、すっとんで帰ってきたものです。

ところがいつのまにか、水洗トイレが出現し、いまでは、駅や公園の公衆トイレでもオシリ洗浄器（ウォシュレット）がついていたりします。中国人など一時、オシリをきれいにするために日本へ買い出しにきていたほどです。最新式トイレともなれば、入れば自動で蓋があき、終えれば自動で蓋が閉まります。もう便器に手を触れる必要もありません。そのうちに、シリふきロボットが現れてくるかもしれません。

こうして、われわれは人間のもっとも基本的な営みであり、生命現象（生理的現象）の根本である食の入り口と出口のうちの片一方にはまったく蓋をしてしまったのです。介護にいたって、われわれは、このもっとも基本的な人間の営みの出口からとんでもないしっぺ返しを受けるはめになっているのです。

介護とは、こうして突然の容態急変との闘いであり、苦行のような排泄との闘いであり、そして、ついに足腰が立たなくなった病人への補助であり、さらには、医者との相談の上での痛み止めの処方であり、延命治療の可否の判断であり、最後はその治療をやめるという決断であり、そして付け加えれば、この全体にかかわる金銭の調達なのです。

これだけでも、想像を超えた、かなりたいへんな現実の話です。著者は、これだけの自宅介護の果てに、自分の腕のなかで夫を見送ったことをたいへんによかった、と述べています。それがこの本を書いた動機だとも。

死によって励まされる

こういう本を読むと、昔は、私も著者の立場、つまり介護する立場に身を置いて読んだものですが、近年は、この手の本にしても映画にしても、死にゆく側につい身を置いてしまいます。たとえば、介護されているこの本の本当の「主役」である「死にゆく者」は果たしてどういう気持ちだったのだろう、と思ってしまいます。

はっきりとしていることは、とてもではないが、人は一人では死ねない、ということなのです。急激にバタッと倒れても自分では何もできない。排泄の始末も自分ではできません。痛み止めの加減も自分では指示できないでしょう。延命治療の判断も自分では指示できません。肝心なことは何ひとつできないのです。最後の点滴をはずすという行動も本人にはできないのです。誰かにケアしてもらうほかないのです。ケアするとは、「うまく死なせる」ということです。

言い換えれば、決して「自然な死」などというものはありません。最善の場合でも、誰かにケアされて、死なせてもらうほかないのです。しかしその上で、著者は、医療介入をしたかしなかったか、あるいは自宅で死んだか施設で死んだかなどはどうでもよいことで、死にゆく者が最後に静かな時間を過ごし、介助した者が、その死によって励まされる、といった死こそが「自然な死」といえるだろう、と書いていますが、まさにその通りでしょう。

そして、この場合、介助者は、たいていの場合、家族と医療関係者でしょう。おそらくは家族だけが、本当の意味で、死にゆく者と最後の静かな時間を共有し、もっといえば、うまく「死なせる」ことができるはずでしょう。

ところが、近代とは、その最後の砦である家族さえも崩壊へと向かっている時代なのです。実際、50歳で独身という生涯未婚率は男性で23％です。看取ってくれる家族がいないのです。出生率が1・4％強ということは、結婚はしても子供がいない家庭がかなりあるということです。また、子供がいても遠方で仕事をしているケースはいくらでもあるでしょう。あるいは、夫婦ともに歳をとったとしても、80歳のばあさんが85歳のじいさんの介護をするなどということになりかねません。実際、２０１７年の厚労省の発表によると、75歳以上の老老介護の割合は、老齢者家庭の30・2％になるそうです。

『自死という生き方』について

こうなると、「死なせてくれる」者もいないのです。人は一人で死ぬことはできないにもかかわらず、死なせてくれる者がいない、というのは考えられる限り最も恐ろしい状況ではないでしょうか。いったい、近代というこの時代に、人はどのようにして死を迎えればよいのでしょうか。

人間の死に方としては大雑把《おおざっぱ》に三つあるでしょう。第一に事故や災害死や戦死、つまり、外部からの力による不可避的で突然の死。第二に老衰や病死、つまり、生物学的な自然死。そして第三に「自死」です。

まだ世の中が貧しく、また人々が若くして病死した時代、あるいは戦時中は、人々はともかくも生の確保に必死でした。生きることに精いっぱいだった。しかし、元気に活動ができる健康寿命を越えて、はるかに寿命の延びた現代では、三番目の「老人の自死」という問題こそが、最大の焦点になってくるのかもしれません。実際、老老介護で疲れて自死する老人は結構いるのです。

しかし、ここで関心をもつのは、老、病、死という緩慢なプロセスを省いて、直接に、生から死へと跳躍する（あるいは飛び込む）ような意図的で計画的な自死です。私は、借金取りに追われたあげくの自殺も、保険金を家族に残すための自殺も、介護疲れの果ての自殺も、いじめにあったあげくの自殺も、「自死」とはすべて、少なくともその瞬間には積極的に選び取られたきわめて実存的で主体的な行為だと思っていますが、それにしても、人生における何らかの外的な苦難や否定的要素が引き金になる場合と、完全に意図的で計画的な場合とはやはり違っているでしょう。

人生に行き詰まったわけではない、そうではなく、むしろ、今後予想される生の衰弱をあらかじめ回避するための自死、つまり、端的にいえば、老、病から死へといたる生の崩壊を回避するための自死というものがある。いわば「生」を保持するための「死」なのです。

そんな死に方を描いた本があります。須原一秀著『自死という生き方　覚悟して逝った哲学者』（双葉社）です。須原氏は、（この書物によると）若いころからスポーツもして体を鍛え、酒も好きで、実に快活で元気な人物で、大学では哲学や倫理学を教えていた。彼は、65歳の春に自死すると決め、友人にもそのことをあらかじめ伝え、彼自身の自死の思想（「新葉隠」と呼んでいますが）を遺著として残して、実に明晰な意図のもとに死んでゆくのです。死後に出版されたのが本書です。

この著者もいうように、今日、老・病・死という、生命体の自然のなりゆきに任せる死（それを著者は「受動的自然死」と呼んでいますが）のなかでは、個人の自尊心も主体性もほぼ破壊されてゆきます。

端的にいえば、自分の生の基本条件である食事も排泄も自力ではどうにもならなくなる。生命維持の入口と出口を自分で管理できなくなる。もはや「個」というものの尊厳と主体性を維持することも困難になります。それを避けるとすれば、その手前で自死するほかない。

この見地からすれば、年老いるとは、いつでもきっぱりと死ねる、という覚悟を持つことなのです。

武士道を説いている『葉隠』は、「死に狂い」といって常に死を思い、いつ何時でも主君のために死ぬ覚悟をもつことを武士道の要に据えましたが、著者は、老人こそが「死に狂い」の精神を身につけるという「葉隠的老人道」を提唱する。

きわめて積極的で肯定的な

いずれにせよ、この自死は、世をはかなんだ厭世観とも虚無主義とも無縁です。どうせ死んだらすべて無だ、という虚無感とはまったく違っているし、ある種の哲学者が分かったように述べる「人生なんて耐えがたいものだ」とか「人生など所詮は虚無だ」という種類のシニシズム（犬儒主義）ともまったくかかわりのないものなのです。

そうではなく、須原氏の自死の思想は、人生をとことん楽しみ、充実させ、やるべきことをやり、いわばその頂点で自死する、というきわめて積極的で肯定的な自死なのです。それは自分の人生を否定するための自死ではなく、それを肯定するための自死です。「生きるための自死」、あるいは「生きることとしての自死」なのです。

なるほどと思います。その通りだとも思います。もし「死」というものが、本質的に、そして徹底して「個」のものであるとすれば、「個」でありえるぎりぎりのところでの自死とは、むしろきわめて理にかなっているといえるでしょう。

しかも、それは、ある意味では、身近な人や一緒に生活した人や仕事をしてきた人、つまり「共同体」への一種の貢献でもあるでしょう。それは、「共同体」の一員として生きてゆくのに不可欠な自尊心や主体性（自己責任）を最後まで維持するための死ですから、確かに、この著者のいうように、「共同体」の側も、この「老人道的自死」には一定の敬意をもつべきだ、というのもわかります。

さて、では、お前も「老人道的自死」を決行できるのか、と問われれば、私にはなんともいえません。それだけの「葉隠的覚悟」というものができていないというほかありません。

須原氏は、ひとたび、自死を決意すれば、死ぬことは怖くなくなる、と述べています。

怖くなるというより、関心がなくなる、という。先にも書きましたように、死は恐怖であるとかないとかいうこと自体、無意味なのです。怖いのは、死へ至るプロセスの方なのです。須原氏の自死の思想はよくわかる。きわめて論理的だと思います。しかし、そうはいってもその覚悟をもつことは誰にでもできることではありません。しかも、そんなに次々と葉隠的に自死する者がいるわけではない。そうだとすれば、この大半の人には、この覚悟とは別の何かがあるのかもしれないでしょう。そこにまた日本人の死生観があるのかもしれません。しばらくそのことを考えてみたいのです。

第三章　われわれは何ひとつわからない

「答え」の出ないやっかいな「問い」

おそらく人間にとっての根本的な逆説は、人間にとってもっとも重要でかつもっとも関心のある事項について、われわれは何ひとつわからない、ということでしょう。「死」がそれです。おそらくは、このもっとも根本的な事実、誰もがとても深く関心をもっているこの不可避な事実について、ほとんど何ひとつ確実なことを論じることも、また書くことさえできない、ということなのです。

人が最初にこの世に生を得るということと、最後にこの世を去るということとは、人間の基底にある生物学的な事実です。いかなる動物にも共通する事実という意味では、人間の動物的自然性に属する事柄です。その意味では、もはや人間が人間ではなくなり、ただただ動物的存在になる、という境界的な事象でもある。そこでは犬も猫も人間すらも変わりません。犬も猫もわれわれもただ生れ出て死んでゆくだけのことです。しかし、その場合、動物との決定的な違いは、誕生の方はともかく、自分が死ぬべき存在であることをこれほど意識する動物は人間以外にはまずいないという点でしょう。

もっとも、それは犬も猫も同じだという人もいます。確かに、どうやら犬も猫も死期が近づいてくると、どこかで死の意識をもつようで、犬の目が何やら急にさみし気になったり、猫は死ぬ場所をもとめてどこかへ姿をくらましたりします。しかし、それでも、人ほど「死」というものを意識し、その意味を知りたいと思っているものはないでしょう。多くの人は、人生のかなり早い段階から、たとえばすでに十代から、どこか「死」というものを意識し、また、かりに一時的ではあったとしても、「死」の方へ引き寄せられる時があるものです。その意味では、「死」は、生きている間を通じて、人の最大の関心事であり続けるわけです。

「関心事であり続ける」といいましたが、そこにこそやっかいな点があって、本当のことをいえば、「死」など考えたくもない、関心をもちたくもないのです。それなのに、その根源的な事実がわれわれの生の底に横たわっており、何かの拍子にふと浮かび上がってくる。あるいは、歳を重ねるにつれて、否応もなく意識せざるを得ない、というのが現実でしょう。実際、誰もが、猫みたいに死期をさとってさっさと姿を消してどこかであっさりと死ぬことができれば、などと考えます。猫がうらやましくなります。本当のところ、猫がどんな気持ちでいるのかはわかりませんが、猫には、死へ向かう不安や絶望や、何だこれは、という自問自答の意識はたぶんないでしょう。

おそらくは、人間だけが、死ぬことについて、「いったいこれは何なのか」と問うてしまうのです。幸か不幸か、われわれは猫にはなれません。とすれば、死という生物体の根源的な事実さえそのまま受け止めることができず、「それは何なのか」と問わざるをえないのが、人間存在の本質ということになるでしょう。

ひとたび問いをたてれば答えを求めるのも当然のことです。ところがまた、この問いにはまったく答えがありません。答えを出すすべがないからです。人生に関わるような問いの答えは、だいたい自分の経験や知識に基づいて出されるものです。もう少し科学的な答えは論理や実験によって確認されるものです。しかし、「死」だけは、経験もできず、よみがえった人にインタビューするわけにもいかず、自分で試してみるわけにもいかない。まったく答えをだすすべがない。しかし、「死」という事実だけは歴然として存在し、それこそが生命体としての人間の根本的な条件となっている。ところが、それは明白な事実ではあるものの決して経験はできないものなのです。

言い換えれば、人が、それについて経験したり、また、論じたり、書いたりすることはすべて「生」の側にあることです。だから、仮に死について書くとすれば、それはあくまで「生」の側にあって、「生」の一部として書いているのであって、決して「死」そのものではない。ここにどうしても矛盾がでてしまう。

前出の三木清が述べたように、あくまで「死は観念である」ほかありません。死について考えること自体が「死は観念である」ことを示しています。「死とは何か」などといったとたんに、われわれはすでに「生」の領域に身を置いていることを証明しているのであって、したがって、それは「生にとって死は何か」という問いでしかないでしょう。「死」は常に「生にとっての死」としてしか論じようがありません。だからまた、「死」を論じることとは逆にいえば、「生」を論じることにもなるのです。

いずれにせよ、われわれは、決して「死」そのものを経験することも論じることもできないのであって、われわれが論じる「死」とは、あくまで「考えられた死」であり「観念としての死」であるほかない、ということをまずは確認しておきたいのです。

ところがです。そういった途端にまた、われわれはこうもいいたくなるのではないでしょうか。「そうはいっても、現に死というものがあるではないか」と。そうです。その通りで、厳然として「死」という事実はある。しかし、それはもはや論じることのできるものでもなく、そのものとしては思考の対象となるものでもなく、本当は言葉や文字で表現できるようなものではない。

たとえば、ためしに、「死」という言葉を辞書で引いてみてください。「定義不能」であることが一目瞭然です。せいぜい、それは「命のなくなること」というような定義でしかありません。

人間を超えた圧倒的な「力」

それは「生」の否定であり、「生」の消滅としてしか定義できません。そして、「生」の方は、かりに辞書的定義が不可能だとしても、これは誰もが経験できる明白な事実であり、定義などしなくともわかる事実なのです。まさに生活していることそのものが「生」の定義になっており、現にいまこうして「生」ということを書いていることが、「生」の一部だからです。

しかし「死」はそうではない。「死」と書いたときに、それは「死」ではなくなっている。だから、「死」は、せいぜい、その自明であり現に経験している「生」の否定としか言い表しようがない。にもかかわらず、それが存在することは間違いない。定義もできず言表もできないにもかかわらず、それが存在することは間違いない。それどころか、それは、われわれの「生」をすべて奪い取る圧倒的な力をもってわれわれの上に君臨さえしているのです。

とすれば、「死」は「絶対的なもの」というよりほかありません。「絶対的なもの」を人は経験もできなければ、言葉で言い表すこともできません。それは名状しがたい、しかし、厳然とある何ものかなのです。それは、もはやわれわれの経験を超えた事実であり、それについて論じることさえいっさい受け付けない確たる事実なのです。われわれの経験には不確かなものはいくらでもありますが、「死」という事実ほど確たるものはありません。

実際、「生」の中身は人によって様々でしょう。幸福も様々ですし、生き方も様々な可能性をもつ。人の知恵や努力によって変えることもできます。それらはすべて相対的なのです。偶発的でもある。しかし、「死」という事実だけは、きわめて普遍的で、絶対的で、必然的です。「死に方」はいろいろあっても、「死」という事実（状態）は、男女、貴賤、人種、美醜、善悪をまったく問わず、まったく同じであって、人智でも努力でも祈願でもどうにもなりません。まさしく「絶対的」なのです。

「神」も絶対的なものといえるかもしれません。しかし、「神」は、本当のところ存在するのかしないのか、わかりません。存在すると考えるものにとっては「絶対的」でしょうが、そうでないものにとってはまったくの幻影です。しかし、「死」はもちろん幻影でもなんでもなく、まぎれもなく存在する、ゆるぎない事実であり、間違いなくすべての人に対して平等に降りかかってくる。つまり、人間の側の事情を一切超えた圧倒的な「力」のような何かなのです。繰り返しますが、終末の迎え方、つまり「死に方」は、人間の知恵や努力やカネやコネで人為的に操作できますが、「死」そのものは、まったく人間を超えたものなのです。人は「死」を前にしてはまったく無力であり、ただただ頭をたれる以外にない。

そこでは、すべての人間の営みも文明も一気にすべての意味を失ってしまうのです。どれほど、人間が壮大な建造物をたて、富を築き上げて、核融合のような巨大エネルギーを開発しても、それは「死」という「絶対」の前では何の意味もなくなり、また、どれほど、合理的な科学や技術を生み出して、寿命を延ばし、遺伝子操作を行って生命を拡充しようとしても、そんな試みをあざ笑うかのように、そのすべてを一気に灰燼に帰してしまうのです。近代人が理想とする「自由」も「幸福追求」もすべてが色あせてしまう。ありとあらゆる手段を使って「生」をどれほど膨張させ拡充させても「死」という絶対なものを前にすれば、すべてが脱色され意味を失ってしまう。それは、人間の作り出してきた文明という概念をすべて無意味化するものなのです。

「絶対的な無意味」の不気味さ

あらゆる存在を無意味化して飲み込んでしまうという点で、「死」は「絶対的な無意味」というほかありません。「死」というその究極の一点において、どんなに権勢を誇った富者もどんなに悲惨な人生を歩んだ不幸なものも、また、文明の頂点にある現代人も古代の縄文人も、すべてが同一化されるのです。それに比べれば、どれほど富を蓄積しても栄華を生み出しても、「生」も「文明」もすべて相対的なものに過ぎません。「死」はそのすべてを同一の平面に並べ、その意味をすべて剝奪するのです。

われわれは、しばしば「死を恐れる」とか「死が怖い」とかいいますが、それは、

「死に方が怖い」ということでしょう。前章にも書きましたが、われわれは、普通、「生」から「死」へと一挙に相転移するわけではありません。「生」と「死」の間に、「生」でも「死」でもないような、「老」や「病」があるのです。「生」は徐々に力を失い、意味を薄めてゆき、世界は色あせてゆき、そのあげくに「死」へといたる。そのプロセスが苦しく、つらく、想像を絶するようなものであり、屈辱的でさえあるのです。「死」へいたるためには、もはや「生」ともいえない「生」を送らざるをえない。

それに比べれば、「死」は救済とさえいえるでしょう。「生」の究極の時間からの解放であり、苦をもたらす物理的身体からの解放だからです。「絶対的な無意味」である「死」に対しては、怖いも恐ろしいもありません。怖さや恐ろしさは、何かある意味をもった存在や事態についていえることだからです。「死」へと向かって「生」が徐々に蝕まれ、衰弱し、意味を喪失してゆくことが恐ろしいのです。多くの人が、病気で苦しんで死んだ自分の近親者の死に顔を見て、「ようやく安らかな顔になった」といって、ほっとしたりします。「死」は恐怖どころか「救済」でもあるのです。

しかしそうはいっても、この「絶対的な無意味」は、こちら側でまだ生きているわれわれにとっては、何かある種の奇妙な感じを与えることも事実でしょう。それは、「怖い」というよりも「不気味」といった方がよいような何かです。

絶対的に意味の了解できないもの、理性によっても感性によってもともに捉えがたいもの、名状の仕様のないもの、説明の仕様のないもの、しかし、いずれ確実に自分を捕捉してしまうもの、そういうものを前にして、われわれは「不気味さ」を感じるのではないでしょうか。まったく意味をもたないもの、つまり「絶対的な無意味」は「不気味」なのです。

たとえば、展覧会でただ真っ白なキャンバスだけが置いてあれば、怖いとか嫌悪感というより、不気味な感じがするのではないでしょうか。それは、製作者の意図がわからないからです。製作者の意図とは絵のもつ意味です。その意味が見いだせないから、何か不気味なものを感じるのでしょう。

アメリカの音楽家、ジョン・ケージの前衛音楽に「4分33秒」というのがあって、ただただピアノの前に座って何もしない、というのがありますが、これも、最初に聞いたとき（聞くというのでしょうか？）感じるものは、おかしいとか奇妙だというより、まず不気味なのではないでしょうか。意味がわからないからです。

もっともこれらは「生」のなかの話なので、いずれ相対的なもので、あえて意味を剝奪することで逆説的に「意味」を与えようとしているのですが、本当に壮大な「無」へ向きあったとき、恐怖や不安やおかしいなどというより、まずは「不気味」な感じをもつものでしょう。

誰も論じられない

では、不気味さから逃れるにはどうすればよいか。さしあたり答えは簡単です。意味を求めないことです。意味のないものに意味を求めるから不気味になるのであって、意味のない、もしくはわかりようもないものについて意味を求めるのをやめることです。それは、この「絶対的な無意味」について論じることには意味はない、と高をくくることです。「絶対的な無意味」にそもそも意味を求めようとするから困る。つまり「死」について論じたり、思念したりすることには意味がない、と割り切ればよい。そんなことを論じても考えても仕方ないのです。

実際、考えてみれば、西洋も日本も併せて、われわれの前には膨大な数の哲学書も文学書も積まれていますが、正面から「死」について論じたものはほとんどない、といってよいほどでしょう。現代の哲学者や文学者でも、この主題でまとまったものを書いた人はほとんどいないでしょう。驚くべきことといえば驚くべきことで、「死」というこの人生の最大級の問題に関心がないはずはない。しかし、実際には、論じることはできないのです。

それは、先に述べたように、それについて論じることは「死」ではなく「生」の側の行為だからであり、言い換えれば、「死」を論じることは、「死」ではなく「死の概念」に意味をもたせることだからです。そして「絶対的な無意味」に意味をもたせることはできないからです。

こうして、とりあえずは、「死」について論じることは実際上、意味をもたない、ということになるでしょう。だから、「死」について論じても仕方ない、ということになる。へたにそれを思念したり、論じようとしたりするからそれはますます不気味なものとして現れてくる、ということです。そんなことはすべて忘れ去ればいい。

さてしかし、それにもかかわらず、この名状しがたいものを全面的に意識から放逐《ほうちく》できるかといえば、そんなことはできないのです。すっかり忘れ去るには、あまりに

「死」はわれわれに密着していることも事実だからです。時には、親しい者が死んだり、自身も病気や事故で死に接近したりもします。すると、その、いっさいの理解を受け付けない、名状しがたい、理性を超えたものである、その「無意味さ」が、また意識の上に浮上してくる。

さらに、先ほどからも述べているように、「生」の終末に接近するにつれ、誰の身にも「老」と「病」が襲い掛かり、否応もなく、「死」が「生」の底にとぐろを巻いている、という事実に直面せざるをえません。この「無意味さ」は、言葉で言い表したり、理性によって捕捉したりできないだけに、むしろ、われわれの「生」の底に根深く潜んで、何となく底でうごめいている、といった塩梅なのです。その感じは、また再び、われわれをあの「無意味さ」のもつ「不気味」へと連れ戻す。

「不気味さ」の正体とは

たとえば親しい人が急に死んだとき、多くの人は、悲しいとかつらい、というより前に、まず、何とも言えない奇妙な不気味な感じをもつのではないでしょうか。

私の場合は、だいたいそうでした。まだ子供だった頃、近所のよく知っているおばあさんが死に、葬式にいってお棺に納まった死体を見たときの印象は、何か名状しがたい不気味なものでした。怖いというのでもなく、悲しいというのでもなく、ただ不気味だったのです。

そして、その感じは、大人になって、親しい人の遺体を見た時にも同じでした。死者とは生物体なのか単なる物質なのかよくわかりません。物質化した生物体というか、生命を失った生物体というのか、ともかく、その「意味」を確定するのが難しいのです。

私の場合、お棺に入った遺体を見た時、たいてい、何とも表現のしようのない居心地の悪さを感じてしまいます。怖いでもなく寂しいでもなく、しいていうと不気味さということになるのですが、それは、必ずしも動かない死体のはなつ不気味さではない。むしろ昨日までは話をし、活動をしていた「生」というものを無意味化するという「死」そのもののもつ不気味さといったものでした。

これはある種の「不条理」なのです。ただ死者が不条理なのではなく、死が不条理なのです。それがさしあたりは不気味さとなって襲ってくる。悲嘆や喪失感や無念さはせいぜいその後の話です。「死」というものを見て、それをどのように理解すればよいのか、この事態をどう表現すればよいのか、まったく意味づけの不可能なある事態に遭遇している、ということなのです。その意味づけの不可能性が不気味だったのです。

ではこの不気味さの出どころはどこかというと、それは、何か外から「不気味なもの」を見せられたというよりも、自己のうちからでてくるものではないでしょうか。われわれは、常に、世界の物事に、それなりに意味づけをして精神的な落ち着きをえるものです。しかし意味づけが不可能だという不安は、こころの奥深いところに奇妙な違和感を残し、名づけようのない不協和をもたらす。それは、死体を見たことによって引き出された感覚ではあっても、本質的には、私の内にある「死」の感触といったものといってよいでしょう。

こうなると、われわれの外から「死」が姿を見せるのではなく、「死」はほかならぬわが身のことのようにも思えてきます。「死」というものの不条理は、いきなり外からやってくるのではなく、すでに私自身の内にある。

「死」はわれわれにとって外在しているのではなく、われわれのこころの内に深く潜んでおり、それは、「生」ではないにもかかわらず、深く、静かに「生」の奥に巣くっており、いつのまにか「生」を囲繞し、時には「生」を侵食してゆくのです。「無意味なもの」が「生」の意味を侵食してゆくのです。

なぜ「死」を恐ろしく感じるか

もしもわれわれが、本当に「死」について考えることも論じることも無意味だと思いこむことができれば、問題はありません。確かに、「死」を論じることはまったく意味がないのです。繰り返しますが、われわれが言葉で語れるのは「死の観念」にすぎないからです。「死の観念」などいくら論じても本当の「死」には近づかないからです。だから、本当は、「死」などという観念をすべて放逐し、そんなものはこの世界には存在しない（実際、死んでしまったものは存在しないのですから）、と納得できればよい。そうすれば、「死」という無意味さから余計な侵食を受けずに、「生」は「生」だけで成り立っていけるでしょう。結構なことです。

ところが、実際にはそうはならない。「死」そのものではなく「死の影」がわれわれの「生」の底に漂っている。最初は、何となく不気味なものとして、そしてやがては、「生」への不安として少しずつ「生」の日常へと紛れ込み、やがてそこに「死の観念」が顔を出す。しかも、ここに「老」と「病」が入り込んでくると、「死」を考えざるを得なくなる。つまり「観念としての死」と向き合わざるを得なくなる。こうして、われわれわれの「生」は「死」によって徐々に侵食されてゆくでしょう。

ところが、「死の観念」は、われわれをただ不安なままに宙づりにするだけで、「死」についての何の解決も与えるものではありません。糸口さえ見つかりません。いくら「死」について考えてみても、「死に方」ひとつ容易に糸口さえもつかめないのです。「観念としての死」は、われわれに「死とは何なのか」という問いを差し向けるのですが、それは決して出口へとわれわれを導くものではなく、答えのない、しかも窓もない暗室のような部屋へとわれわれを誘導してゆく。この密閉された部屋で、われわれは、苦しい呼吸のなかで、出口を探して、ひたすらもがくだけでしょう。そしてそれはまさしく恐怖にほかなりません。「死」という必然によって「生」が囲い込まれ、脅かされるという感覚は、確かに「死」こそは恐ろしい、という恐怖を与え続けるでしょう。

こうしてわれわれは、それを「死の恐怖」などというのです。「死は恐ろしい」と考えてしまうのです。しかしそうではありません。「死が恐ろしい」のではなく、「死について考えること」が、われわれを恐怖に陥れるのです。より正確にいえば、「死について考えるにもかかわらず、まったく何の解答も得られないこと」が恐怖を与えるのです。するると、「死の恐怖」といった問題は何を示しているのでしょうか。そもそも答えの出ないものについて、何かの確たる答えを出そうとするからわれわれは苦しむということではないでしょうか。窓のない狭い密室に誰かがわれわれを閉じ込めたのではなく、われわれが自らこの部屋に入り込んだのです。いや、もっといえば、われわれが、自分のまわりに目には見えない壁を作って、気が付けば自らをそのなかに閉じ込めてしまったようなものです。

「死」を考えることをやめてみる

そうだとすればどうすればよいのか。私はまた先ほどの暫定的結論に戻ってしまいます。「死」などというものについて考えることをやめることです。そもそも考えても仕方がない。相対的で限界をもつ人間という存在が「絶対的なもの」について思念を巡らせても仕方がない。ましてや「絶対的な無意味」について考えることなど最初からできない話だった。われわれは、「死」の意味について了解したい、などというわけのわからない思いに取りつかれたことが間違いであった。考えたり、論じたりすべきではない領域にわれわれは勝手に踏み込んでいただけで、そのおかげであの部屋に閉じ込められ、窒息しかかっていた、ということになるのです。

しかも、「死」の無意味さは、「生」をも蝕《むしば》んでくる。「死の観念」は、われわれの「生」までも無意味化しかねない。

われわれの人生の最後が「無意味」であれば、その「無意味」というゴールを目指してかけ続けている「生」も無意味ではないのか、という疑念がわいてくる。であれば、「無意味なもの」へ向けて走り続けているこの人生も、ただただ苦痛の連続だ、ということにもなるでしょう。

さらに、このマラソンの最後の方でわれわれを捉える「老」と「病」がでてくると、これはもう本当に「生は苦である」ということにもなる。「苦」の果てに何か報われればよいのですが、そのゴールがただ「無意味」では、一体、何のための「生」なのか、という猜疑《さいぎ》に囚われても不思議ではありません。生・老・病・死、すべて苦だということになる。

ニヒリズムからの脱出

こうして「死」の問題は、われわれを深くニヒリズム（虚無主義）に誘い込むのです。この場合のニヒリズムとは、いわゆる「消極的ニヒリズム」といわれるもので、端的にいえば、人生など無意味だ、という「生」に対するネガティヴな感覚です。「どうせ、みんな死んでしまうのだから、人生なんかに特別の意味を求めてもしょうがない」ということです。そして、それに続いて出てくるのは、「どうせ死んでしまうなら、死ぬことなんか考えてもしかたない。それよりも、ただただ楽しめばいいじゃないか」ということになる。

かくて、ニヒリズムは、たいていの場合、現世での刹那的な快楽主義をもたらし、また、現世からの隠遁への傾きをもたらすことになる。昔のギリシャでいえば、一方に、哲学者のエピクロスに続くエピキュリアン（快楽主義者）が出現し、他方で、哲学者のディオゲネスに続くキニク派（犬儒派）が出てくるのです。

私は、このふたつだと、ディオゲネスの方により関心を持ちますが、まさか彼のように、樽の中にはいって生活するわけにもいきません。実際、今日の先進国で、公園に樽をおいてそのなかで生活などしたものなら、すぐに警察に通報される。昔のギリシャは寛大な社会だったのでしょう。だから、哲学などというものも育ったのかもしれません。

さて、それでは、このニヒリズムからの脱出は、「死などないことにしよう」として快楽のなかに陥るか、あるいは樽のなかに陥るかしかないのでしょうか。これはかなりやっかいな問題です。実は、この問題を正面から論じた人がいます。あのロシアの文豪、トルストイです。トルストイの「哲学」については、以前に論じたことはあるのですが（『反・幸福論』シリーズの既刊、新潮新書）、改めて次章にて取り上げてみましょう。

第四章　死後の世界と生命について

「死んだ後に何が起きるか」

「事実によって証明できて理性によって説明できないものはいっさい認めない」というシュギを「科学主義」というとすれば、私は「科学主義者」ではありません。それどころか、こういう科学主義者に対しては、ちょっと若作りをして言えば「ムカツク」のです。なぜなら、そもそも「科学」とは、人間の知りうる世界のほんの一部を一定のやり方にしたがって認識するという「謙虚」な営みのはずだからです。

しかも、検証したとしても、命題はあくまで「仮説」であって、それが本当に真理かどうかはわからないからです。科学によって検証できないものはいっさい認めない、という「傲慢さ」は実に非科学的というほかないでしょう。そもそも、「科学によって論証されたものだけが確実なものである」ということもひとつの信仰であって、「それ以外は認めない」などというと、これはもうキリスト教やイスラム教の原理主義と変わらなくなってしまいます。

という次第で、私は決して「科学主義」の信奉者ではないのですが、それでも、さすがに現代という時代に生きているので、どこか「科学的」なところはあって、自分の経験（これは「事実」にもとづく検証です）に即して了解できること以外は決して簡単には断定しない、という程度の「科学的精神」はもっている。ようするに、よくわからないことに関しては単純に決めつけない、もしくはあまり深く考えない、ということです。

しかし、「よくわからない」ことなどこの世には山ほどころがっており、それについて、わかりもしないのに推論をしてみたり、予断をもってみたり、見当をつけてみたり、といったことはいくらでもある。実際、そうでもしなければ一瞬たりとも生きてゆくことなどできないでしょう。たとえば、これから一時間後には何が起こるのか、本当には何もわかりません。しかし、わからないからといってじっとしているわけにはいかず、たぶん何事も起きないだろうという想定のもとに、外出したりするのです。こんなところまで「科学主義」をもちこんだらとても生きていけません。

ところが、「一時間後に何が起きるのかはまったく不明であるが、何も起きないと想定して外出する」というのは日常の話ですが、それがこうなるとどうでしょうか。「死んだ後に何が起きるのかはまったく不明であるが、何も起きないと想定してあの世に旅立とう」などという話に簡単に平行移動できるのでしょうか。

「死んだ後に何が起きるのか」は、もはや想定も予測もありえない絶対的に不可知な世界です。事後的検証もできなければ、事前的推測もできません。

だから、こういう世界については、私は基本的に「考えない」ことにしています。というより、それ以外の手立ては何もないのです。「考えても決してわからないものについては考えない」というのが、生を営む上での初歩的ではあるが、たぶんもっとも適切な態度だろうと思うからです。

仏陀も、弟子に死後はどうなるのか、と聞かれて、そんなことはわからない、考えても仕方ない、といったことを答えている。それでいいのです。

確かに、死後のことなどまったく知りようもないので、そんなことは考えないようにしています。しかし、実は、私なりの確信のようなものはあって、それは、死ねばすべてが終わりで死後には何もない、というものです。どこにそんな根拠があるのか、といわれても何の根拠もありません。実に非科学的な思い込みです。それなら、死後の世界は実在するというもうひとつの思い込みと何も違わないではないか、といわれればその通りというほかありません。どちらも何の根拠もない思い込みです。

多くの自然科学者はこの世界を構成しているものはすべて物質であり、世界は物質の相互関係によって成り立っていると考えている。物理学者も生物学者も、究極のところは、人間もバラの花も大地もすべて、宇宙を作り出した物質の展開や進化や変形によって作り出された物質的現象だと考えるでしょう。意識や理性も脳内物質の生み出した現象だというでしょう。その意味でいえば、確かに、物質である身体が消滅すれば意識も精神もなくなり、霊的存在などありえるはずもないのでしょう。

しかし、他方には、霊的現象を訴える人もいます。たとえば、先ごろも評判になっていた奥野修司氏の『魂でもいいから、そばにいて　3・11後の霊体験を聞く』（新潮社）という本があります。実は、東日本大震災の後に、多くの霊的な現象や体験が報告されており、その聞き込み取材を行った著者によって、多くの事例が紹介されています。

私は、いくら「死ねば何もなくなる」といっても、ここで述べられている数多くの霊的現象をすべて錯覚だというほどの勇気はありません。少なくとも、地震や津波で身内を突然失った多くの人々が、何か説明のつかない不思議な体験をしたと信じていることは事実であり、しかも、多くの場合、その霊的体験によって残された家族が多分に安らかな気持ちになれた、という事例を読めば、そのことに疑いをさしはさむ必要もありません。それを読んでいるこちらもつい静かな感動に誘われてゆきます。いくら「死ねば何もない」といっても、こうした感動まで否定することはできません。

とするなら、やはり「わからないことはわからない」というほかないのです。おそらく、私自身にある種の霊的体験があれば話は違うのかもしれません。しかし、体質のせいか、神経のせいか、脳のせいかはわかりませんが、私にはそんな体験はやってきません。

正確にいえば、一度、母親が死んだときに、何とも説明のつかない摩訶不思議《まかふしぎ》なことは起きたのですが、それも錯覚なのか何なのかよくわからず、誰にも話したこともなければ、話す気にもならないのです。つまり、「わからないことはわからない」というわけなのです。

そして、これはどちらかといえば「わからないことはないことにしよう」に傾くでしょう。つまり「ないことにしておいても、生きてゆく上でさしさわりはないではないか」というわけです。

「霊的」なものの正体とは

こうして、私の場合は、死後は何もない、ということにしている。ただそれは、自然科学者のいうように、宇宙も人間もすべては最終的に物質的現象であるからというわけではありません。もしかしたら、霊的なものが存在するのかもしれません。しかし、この霊的なものは、形もなければ質量もない。一定の形をもち、音を出すならば、それ自体が物質的現象ですから、その意味ではすでに霊的現象ではないわけです。だからそれは、あるとすれば目には見えない何らかのエネルギーのようなものでしょう。実際、この宇宙にはまだとらえきれていない不可思議なエネルギーが存在するようで、それどころか、宇宙を構成している物質のほとんどは未知のエネルギーだか物質だか、正体を知りえないものだ、というのです。

とすれば、われわれが「霊的」と呼んでいる未知の物質・エネルギーが存在するかもしれません。そこで仮にそうした霊的エネルギーがこの世に遍在しているとしましょう。それでもそれが人間の精神を形作るには、やはり人間の身体や脳という物質がなければなりません。そうでなければ、この不定形で停泊場所をもたない宇宙的なエネルギーがわれわれの意識や精神になるとは思えないからです。

仮に人間のうちに霊的なもの、つまり「精神」と呼ぶようなものがあるとしても、それは、物的な身体性と不可視の霊的エネルギーの結合というほかないでしょう。とすれば、身体が消えれば、意識も精神も消えてしまうのです。霊的エネルギーは残存するかもしれません。それは宇宙に拡散して存在するかもしれません。しかし、それはもはや個人の精神ではありません。つまり「私の霊」ではないでしょう。「私」がないのですから、「私の霊」などというものもありません。

というわけで、「死後のことなどわからない」「死後のことなど考えない」などといいながら、実は、私は、どうやら心の底では、「死後の世界など存在しない」と思っているのです。

するとある人はいいます。「それは君、あまりに寂しいじゃないか。それでは死んでしまえば、何もかも終わりじゃないか。死んでも魂はどこかに残るだろう。そうして、生者を見守っているんだろう。そう考えた方がいいじゃないか」と。

批評家の小林秀雄も自分の母親が死んだときに、その魂は肉体を離れても、常に自分を見守っていると確信していたようです。民俗学者の柳田国男も同じように、魂の存在を確信していたようです。

このことはまた、稿を改めて論じてみたいと思いますが、私には、「死後の世界など存在しない」ということこそが実際には救いのような気がするのです。これはいいかえれば、死ねば「無」へ戻る、ということです。死の向こうには「無」しか存在しない、ということです。「無」という何かが存在する、といってもよいでしょう。

仏教が、死の向こうに極楽浄土を想像したのか、それとも「無」の世界を見ていたのかは別として、もしも、生老病死から逃れ、輪廻から解脱することが救いであるとするなら、いずれにせよ、死はまずは望ましいことになるでしょう。だから、少なくともこの世にあってそれなりの覚《さと》りをえて（つまり、覚者となり）生老病死というこの世界の苦から逃れることが仏教の救いになるのです。だとすれば、死は忌わしいどころか慶賀すべきことだということにもなるでしょう。

インドのシャカ族の裕福な王子に生まれた釈迦牟尼は、城の外へ出た時に何とも醜い老人を見、すべての人を襲う「老」におびえ、次にひょろひょろの病人に出会って「病」というものに絶望し、最後に死者を見て「死」の恐ろしさに打ちのめされ、そしてこれらの「苦」をもたらす根本原因である「生」からの解脱を求めて出家したのです。私には少し奇妙な話に聞こえるのですが、それはともかく、釈迦牟尼は、この世の生からの解脱を求めた。そのためにはまず、この世界も我もまた「無」である、という真理を体得することこそが覚りである、というわけです。

とてつもない苦からの救済

しかし、そうだとすれば「無」の世界への旅立ちである死は、それ自体が救済である、ということにもなるでしょう。生老病の苦しみ、つまりこの薄汚れて人にただただ苦悩を与えるこの穢土からできるだけ早く逃れることが望ましい、ということになる。人生が苦であるとわかり、この世がデタラメならできるだけ早く死ねばよい、ということになる。

実際、前章にも書きましたが、人は誰もが老人になり、病気になり、病院か介護施設へ入り、しわくちゃになって体が動かなくなり、自分の意思も表現できなくなり、それこそ最低限の尊厳も何もあったものではない。こうなると、もはや生ともいえず死ともいえず、生きつつも死んでいるという状態です。この世とあの世の両方にわたって横たわっているだけです。本当の苦とはこの状態でしょう。

　とすれば、その一歩手前で自死するという判断は、きわめてまっとうなもののように私には思えます。

　しかし、実際には、この種の自死はきわめてめずらしいのです。私もそれが「きわめてまっとう」とはいいながら、その現実的遂行となると容易ではない、という思いがある。どうしてか。それは、やはりどこかで生への執着があるからでしょう。理屈ではわかっても、どこかに生へのほとんど本能的というべき執着があり、これから逃れるのはたいへんに難しい。そして、釈迦が長い修行の果てに手に入れた覚りとは、まさに、この根源的な執着まで断ち切れということだった。

　だが、そんなことが果たして可能なのでしょうか。逆にいえば、いくら生の最終段階で恐るべき苦痛が待っているとしても、われわれが容易には死ねないのは何故なのか、という疑問がでてくるのです。生の果てに待っている老と病がとてつもない苦であることがわかっていればいるほど、それにもかかわらず、どうして人は死なないのか、ということです。

トルストイの絶望からの「死生観」

この問いに答えようとした文学者がいました。トルストイです。このロシアの文豪は、名声も富も幸せな家庭生活もすべて手にした人生の絶頂にあって、自分は何のために生きているのか、という深い疑問に襲われ、自分の生の基盤がすっかり破壊されたような気分に陥ったのです。

「人生は無意味だ」というのが、その時期に彼のたどりついた真理で、そのために彼は自殺を考えます。自分の人生は底意地の悪い何かによって仕組まれた愚劣ないたずらだという意識が彼を捉え、それから逃れる唯一の方法は死である、という実にまっとうな論理に囚われたのです。

にもかかわらず、彼は死を選択せず、やがて一種の改悛をへて、その人生観を大きく変えてゆきます。その経緯が54歳の時に書いた『懺悔』に述べられ、また、59歳の時に書かれた『人生論』でその人生観が論じられています。実は、2歳で母親を亡くしたのはともかくとしても、彼は自分の子供も何人か亡くし、とりわけ32歳の時に、すぐれた才能をもった兄の死に立ち会って大きな衝撃を受けたこともあり、死には深い関心をもっていた。死にゆく裁判官の姿を描いた『イワン・イリイチの死』が書かれたのも58歳の時でした。『人生論』が執筆された経緯も死と深く関係しており、彼は農作業中に足を打撲し、それが悪化して死を思うほどの重病になったのです。その後、ある出版社の女性が見舞いに送った手紙に触発され、その返書を書くのですが、それが膨れ上がって、自身の死生観をまとめたのがこの書物になったというわけです。

そこで、まずは、私なりにざっとトルストイの「死生観」をまとめてみましょう。

50歳前後の時、成功の絶頂にあったトルストイを見舞った絶望のなかで、彼は、改めて生と死の意味をたずねてみます。

まず科学者はどういうか。彼はこういうだろう。「お前は、微生分子のほんの一時的な偶然の産物にすぎない。だから、お前という存在にもその生にも特に意味などない」と。では、哲学者はどういうか。ソクラテスはこう教えている。「人間は肉体から抜け出て霊的（精神的）存在にならなければなるほど真理に近づく。だから死を恐れる理由は何もない」と。ショーペンハウエルはいう。「そもそも人間の意思と認識がなければ、この世界は存在しないのである。だから、世界の本質は空無である」と。そして仏陀はいう。「苦痛と病気と死の避けがたさを意識しながら生きゆくことはできない。だからわが身を生より脱却させ、死後に生命が二度とよみがえることのないように解脱すべきである」と。このどれもが、生の苦痛や無意味さを述べているのです。

　ではこのどうしようもない生の無意味さを前提に何をすればよいのか。第一の道は、そもそも人生の意味などというやっかいなことを考えるからそれは無意味だということになるのだ。だから、人生の意味など考えないという無知無識の生き方です。第二は、どうせ生も死も無意味なのだから、現世のいまこの瞬間に最大の快楽をえようという快楽主義です。第三は、生が苦であり無意味であるとすれば、ひと思いにこの道化芝居を終わらせる、というやり方。つまり、活力をもって自死するという方法です。第四は、生を苦に満ちた無意味なものと知りつつも、ただだらだらと生を引き延ばしてゆく、という弱者のやり方です。そして、トルストイ自身は、第三の活力ある自死をもっともよいやり方だと思いつつも、実際には第四の弱者のやり方を実践していたのです。

　しかし、自殺ができないうちに彼は次のようなことを考え始めます。生が苦であるとすれば、自殺こそがもっとも望ましいやり方なのに、たいていの人が、自殺せずに生きてゆくのはどうしてだろうか。生や死についての私の考え方があまりに偏狭で独特なものなのではないか。これまでずっと生きていた数えきれない人類も、また、いく十億万の大衆も、別に自己の生の意味や死の意味などという問題には悩まされもせず、ただ淡々と働き、なすべきことをなし、そして、素朴な信仰をもって生き、やがて死んでいったのではないか。

私は、ただ私の固有の生や死の意識にとりつかれているだけではないだろうか。彼らを支えているものは理性や理屈ではなく素朴な信仰ではないか。生と死をめぐる問題は、科学者や哲学者のような理性によって解決できるものではなく、信仰によって解決すべき問題である。自分は方法を間違えていたのではないか、というのです。

この間違いを少し言い換えてみると次のようになります。宇宙の素粒子から出発しようと、この世界の背後にある「空無」であろうと、あるいは、ソクラテスのいうような霊性の世界（エルの物語に述べられる冥府）にせよ、いわば「無限」（永遠）の世界である。これに対して、われわれの生きているこの人間世界はあくまで「有限」である。「有限」な人間世界の出来事の意味を「無限」から眺《なが》め、その結果、無意味だという結論を導いたそのやり方が間違っていた、というのです。人間の有限の世界の意味はあくまでその有限の現実社会のなかに手掛かりを求めるべきであった。それを絶対的で永遠の「無限」と混同していた、というのです。宇宙的な「無」であろうと、物質を構成する最小の素粒子であろうと、はたまた、永遠の霊魂であろうと、そもそも、この「無限なるもの」は理性で把握できるものではなく、理性を超えたもうひとつの知恵によってとらえるほかない。それは信仰の世界だというのです。

「ありのままの生」と「死の戯れ」

しかし同時に、われわれの「有限」の生も、この世で起きるあれやこれやの雑事もすべて「無限」を背景として生じている。「無限」がわれわれの背後にあることも事実なのです。理性は、われわれの世界の背後に、あるいは足元に「無限」があることを示唆する。すると問題は、「有限」と「無限」を混同することでもなく、また「有限」と「無限」を切り離すことでもなく、「有限」と「無限」をどうやって結合するかにある、という。そして、それはあくまで信仰だと彼はいうのです。

ロシアの農民たちを見てみよう。彼らは、素朴な信仰に生き、その信仰によって自分のなすべきことを自分に課し、勤勉に、何の疑いもなく働き生きているではないか。この世のすべてが善である、という信念をもって、いかなる老いも病気の苦しみも死の恐怖もただ運命として甘受し、ありのままの生を生きているではないか。こういうのです。

以上がおおよそ『懺悔』においてトルストイが書いていることです。トルストイといえば、貴族階級の特権的生活に嫌気がさし、しばしば家出をしたあげく、素朴な農民生活に自己を同化しようとした自然主義者、民衆のロシア的キリスト教へ帰依した人道的芸術家などというイメージが強く、読みようによっては、『懺悔』にもその痕跡を読み取れなくはありませんが、それはまったくつまらないことです。

事実、後年の『人生論』では、それをさらにひとつの人生哲学にまで高めようとして、こういうことを彼はいうのです。

人生への態度は結局のところ、次の二種類だけである。

第一は、誕生から死までの有限の時間のなかで、私の肉体のなかで次々と物質的現象が生み出す出来事だけが人の人生を作っている、という。だから、肉体という物質的現象が消滅すれば何もないというのです。

第二は、肉体や私を超えた「生命」というものがあって、それが私において様々な意識や活動を生み出す。そのようなものとして人生を理解する、ということです。

第一の態度にたてば、人間の生も基本的には動物と変わらなくなるでしょう。人間の生は、あれこれの欲望を実現し、生存競争にいそしみ、苦痛を回避しようとする。この考えのもとになっているのは、人間の生命など、いずれ物質のなかにある力の偶然の戯れに過ぎず、それが、一時的な時間と空間に姿を現し、われわれが意識と呼ぶものを生み出しただけだ、ということになるでしょう。だから、この物質的な状況が変化して、衰え、崩壊してゆくと当然ながら生命も終わる。人間は動物的に死ぬだけのことで、ここには意味もなければ恐怖もありません。生命は一種の幻であり、本当に存在するものはむしろ死んだ（もしくは死にゆく）物質だけだ、ということになるでしょう。「われわれが生命と呼んでいるものは、実は死の戯れなのだ」ということになるのです。

私とは何なのだろうか

ところがもうひとつまったく別の死生観があります。それが第二の「生命」こそが「私」よりも根本にある、という考えなのですが、それをトルストイは次のように書いている。

そもそも私とは何なのだろうか。「私」という確かな実体がどこかにあるわけではない。結局のところ、「私」とは、「世界」に対する独特のつながり方ではないか、というのです。

「根本的な自我とは何なのか」という疑問はたいへんに難解で深遠に聞こえるのですが、

実は子供なら、それを知らないものはいない、と彼はいう。子供は、自分とは何か、などと問わない。ただ、「僕はあれが好きでこれが嫌いだ」という。そういうことで、自分を定義しているのです。そして、「これは好きだが、これは好きではない」ということこそが「生命の根本」をなしている。端的にいえば、「世界」へのかかわり方なのです。この世界に対する私独自のかかわり方があり、この関係を生み出す「何か」がある。それは、私が意図して生み出したものでもなく、理性が管理したものでもなく、「何か」が私に作用して、そこに「私」という独自のものを作り出しているのです。

そこには生まれた環境もあるでしょう。両親の趣味や遺伝子もあるでしょう。祖先から伝わる血筋もあるでしょう。生まれてから接する人々や現実の社会もある。それらがすべてからまって、世界に対する「私」の特殊な関係を生み出すのであって、そこには、その関係を生み出す「何か」がある。そしてその何かを「生命」と呼んでおこう。とすれば、「生命」は「私」というものの生まれる以前からあり、「私」の意思ではいかんともしがたいものでしょう。「私」が「生命」をもつのではなく、「生命」がいまこの世で「私」を作っているというべきでしょう。

さらにこういうふうにいうこともできます。トルストイはきわめて優秀だった兄の死に大きな衝撃を受けました。では兄が死ねば、それで兄との関係はすべて終わったのか。

そうではありません。兄の思い出が残る。それは、兄の顔形や声というより、むしろ「精神の形の思い出」だというのです。肉体的つまり物質的なものではなく、兄のもっていたある種の精神の力が、自分の精神にこれまでよりも強く働きかける。思い出とはそういうものです。思い出とは、声や顔や動きというおぼろげな物的な形象をとるとしても、本質的には精神に働きかけるものであり、精神に働きかけるものは精神でしかありません。

キリストとトルストイ

こういう作用を何といえばよいのか。トルストイは、それを「生命」と呼ぶのです。兄の生命は肉体の死の後でも、本当に生きているように私に働きかけてくる、と彼はいう。「人は死んだ。が外界に対するその関係は、生前通りどころか数十倍も強く人々に対して働きかけ続けているのだ」と。そして、この働きかけは、その人の生の在り方を変えてしまうこともある。

たとえば、キリストがそれです。イエス・キリストの死は、彼を実際に見ていない、何の交流も関係もない数えきれない人々の生を変え、人生に影響を及ぼしてきたではないか。兄の死は、身近で起きたことだ。しかし、記憶や伝承や想像力がある限り、人は、ずっと昔に死せる者からも影響を受けることはできる。兄の死が、千年前であっても、私は影響を受ける。それこそが「生命力」である。こうして、私の生の根本は、すべて、私以前に生き、とうの昔に死んだ人々の生命からなっている、ということになる。したがって、人はまた誰でも、自分の死後も他人のうちに生き続けることができるのでしょう。その意味で、死んだ人々の生命はこの世限りのものではないのです。

もしも、このように考えれば、これまた死は恐れるものではなくなります。私が死んでも「生命」の消滅するはずのないことを信じられるからです。いや、そう信じることができれば死は恐怖でも何でもなくなるでしょう。私の生の根本は、とっくの昔に死んだ人々の「生命」からなっており、また、私の肉体の消滅後も、私は他人のなかに生きることができるからです。トルストイの死生観はなかなか興味深いものです。一方には生も死も「無」であるという意識があり、他方には、生も死も超えた永遠の「生命」がある、というふたつの極をもっているのです。これは実は、仏教や日本的な自然観に親しんだわれわれにも馴染み深く感じられることではないでしょうか。

第五章　トルストイが到達した「死生観」

「すべて偽物で無意味」という虚無

前章でのトルストイの「人生哲学」に続き、本章もまたトルストイから始めたいと思います。作家としての成功を手にし名声の頂点にあった50歳ごろ、トルストイは深刻な精神の危機に陥り、自殺を考えるようになりました。その後、彼は、生と死の意味を求め、哲学や宗教へと急激に傾斜します。そのなかで書かれたのが、前章で取り上げた『懺悔』（１８８２年、54歳）や『人生論』（１８８７年、59歳）でした。

ところで、この同時期に、彼は、やはり「生と死」を扱った小説『イワン・イリイチの死』を書いています。１８８６年、58歳の時に完成させたものです。

これは実在のひとりの高名な裁判官の死をモデルにして、その人物の死へ至る道程が、彼の内面的な意識に即して書かれたもので、かなりの緊迫感をもって描かれています。主人公のイリイチは、人生の盛りにあって裁判官として成功をおさめ、社会的な地位も手にするのですが、この人生の階段を登り切ったある日、文字通り、自宅の階段から転落するという皮肉な事故に遭遇してけがを負い、それがもととなって死に至るのです。

病床にあって、耐えがたい苦痛に襲われながら、彼は、自分の人生が、つまり、仕事も、生活設計も、家族も、社会的な利益も、何もかもがすべて偽物《にせもの》であり無意味だった、という思いにとらわれる。ニヒリズム、つまり虚無主義に襲われるのです。もしそれらが偽物だったとしたら、その偽物を求め、そのうちに生きがいを見つけてきた自分の人生はすべて過ちだった、ということになる。その結果、精神の絶望はさらに彼の肉体に苦痛を与えるのです。

実際、次の日の朝になって、従僕が部屋に入ってくる。妻と娘がくる。そして医者がくる。彼らと接すると、彼を取り巻くこの人たちとの生活がまったくの偽りだったという疑いは、もはや動かせぬ信念になってゆくのです。

とりわけ妻の存在は彼にはもはやがまんのならないものとなる。夫の病状を心配して声をかける妻を見、その声を聴き、顔の表情を窺《うかが》い、彼はそのすべてが「間違っている」と感じる。これまで自分が生きがいだとしてきたこれらのものがすべて偽りだった、と感じる。苦痛のなかで、彼は必死で妻をにらみつけて、「出て行ってくれ、私を一人にしてくれ」というのです。

それからの三日間、彼はさらに絶望的な苦しみに襲われ、叫び続けて死んでゆくのですが、まさに末期の、死にゆく最後の状態をトルストイは次のように書いています。

この三日間、イリイチは正体不明の力によって真っ暗な袋に閉じ込められ、そのなかで必死になってもがき続けるのだが、実際には、ますます袋の底へと、恐怖の源へと近づいてゆくだけであった。その時、彼は感じていた。自分が苦しむ理由は、真っ暗な穴に吸い込まれてゆくからというより、その穴にうまくもぐり込みきれないからだ。それができないのは「自分の人生がよきものだった」という正当化を求めているからだ、と。この正当化の意識が、穴の奥へ向けた前進を阻み、それが自分に苦痛を与えている、とイリイチは思うのです。

そしてそのあげくに彼は感じる。自分の人生は何もかも間違っていた。だけど、それでいいじゃないか、と。その時に、息子と妻が部屋に入ってきて、彼の様子を見て泣きくずれる。

すると、彼は、こう思うのです。「そうだ、私はそのものたちを苦しめている。彼らは憐れんでくれているが、私が死ねば彼らは楽になるだろう」。だから、それを実行すればいいのだ。つまり、自分が死ぬことが、彼らを楽にし、彼らをつらさから解放するのではないか。こうして、彼は妻に向かって息子をさし、「連れて行ってくれ、かわいそうだ、そしてお前もな」といってまた一人になる。最後に彼は「ゆるしてくれ」といおうとしたのですが、言い間違えて「ゆるくしてくれ」といってしまう。

この時に、イリイチは、もはや苦痛も死の恐怖もなくなります。「死はない」「もはや死は終わった」と自らいって彼は死んでゆくのです。

ロシアと日本の違いはあっても、また19世紀と21世紀の違いはあっても、私には、よくわかる気がします。死を前にして、イリイチは改めて自分の人生を振り返る。すると、仕事の成功も、家庭も、人生上の様々な計画も、築き上げてきた社会的な名声も、何もかもが偽物だったように思われてゆく。死んでしまえば、そんなものは何の意味もないのです。

「死」という途方もない「絶対」を前にすれば、この世という、それこそ相対世界におけるささやかな成功や失敗や名声や利益などは、塵、芥ほどの価値もない、ということになるでしょう。どんぐりの背比べで、勝ったの負けたの、得をしたの損をしたの、といってもたかが知れた話です。しかし、その勝ち負けや、得や損で一喜一憂し、家族にも苦労を与え、他人も傷つけて、自分も得意になったり落ち込んだりしていた。それは確かに偽りの人生だったということになる。とすれば、それ自体がたいへんに罪深いというほかありません。

しかし、そうはいっても、この浮世への執着は、容易には解消できません。それどころか、「死」という絶対を前にして苦悶に耐えているところへ、妻や子供が深刻ぶって見舞いにくる、友人がやたら神妙な顔つきでやってくる、医者が何とも客観的で事務的な様子で診察にくる。こうなると、「浮世への執着」は、逆に、「浮世へのいら立ち」ということになるでしょう。「浮世」から「あの世」へ移行しつつあるものの前に、まだ、世俗の相対世界がしっかりと広がる。損得や勝ち負けの論理で動く「浮世」がこの境界を越えて入り込んでくることに我慢できなくなるでしょう。

「死」という絶対を前にすれば、人はまったくの孤独であるほかありません。まったく孤独の人にとっては、もはや、「浮世」は意味をもたない煩わしさ以外のなにものでもない。それどころではない。「浮世」の快楽や苦痛や欲望や失望の原因であった、形式ばって威厳に満ちて人の罪を裁くあの裁判官の欺瞞的な仕事、夢膨らんで結婚した妻のあのくだらないおしゃべり、口臭、偽善、そして結婚生活への幻滅、それこそが人生だったのではないか、と。イリイチではなくとも、誰しもがこういう思いに取りつかれても不思議ではありません。

「個人」を超えた「生命」とは何か

さて、この小説のすぐ後に、トルストイは『人生論』を発表しますが、その書物では、前章で書いたように、個人の生や死を超えた「生命」が重要な主題になっています。

確かに、個人の意思や理性や計画などというものを超えた「生命」というものがある。それは完全に、私などという「個人」を超えてしまっている。たとえば、考えてみてください。死を前にしたどうしようもない苦痛。そして、かすれてゆく意識や、肉体と精神の衰弱。それをもたらしているものも、「個人」を超えた何ものかなのです。そんなもの、自分で管理もなにもできません。そして、この何ものかがまた、生と死のぎりぎりの境界線にあっても、なおわれわれを生かそうとし、最後には死へとおいやるのであれば、ここには確かに、われわれの「主体」などというものを超えた何かが働いているというほかありません。

前章でも述べましたが、自死を別にすれば、私は私の死を自分で管理できないのです。病気になって体が思うように動かなくなっても、自分で自分をどうにもしようがない。もはや私という「主体」などどこにもありません。境界線上にあっては、生きることも死ぬことも自分ではできないのです。

それはまた、考えてみれば次のことをも意味しているでしょう。この世界では、いつまでも元気でやりたいことをやり、エネルギー全開で生きるものもおれば、病弱でほとんど自宅から一歩も出ずして生を送るものもいる。また、トルストイの兄のように、きわめて優秀ながらも、若死にするものもいる。

われわれはそれをしばしば、運命だとか宿命だと呼ぶのですが、トルストイ的にいえば、それもすべて「生命」のなせるところなのです。その「生命」を生み出しているものが何なのか、などはわかりません。人間はそれを知ることもできないし、知る必要もない。ただ、「生命」というものがそれぞれの生を支えている。

だから、トルストイはいう。たとえば、われわれは、よく、火事や、洪水や、癌や、ピストルで撃たれたり（今日の日本ではこんな死に方はめったにありませんが）、爆弾を投げつけられたり（こちらは時たま生じます）して不慮の死を遂げる。この時、われわれは突発的に不自然に死ぬ、というのですが、ちょっと考えてみれば、逆の言い方もできる。われわれの生は、たいていの場合、無数のばい菌のなかで、しかも、いつ何が生じるかもしれない、という思わぬ危険のなかで生きている。そうであれば、本当はいつ死んでも不思議ではない。無数のばい菌のなかで生き続けている人間の生の方がよほど不自然なのであって、滅びていくのが当然だ、と考えることもできるでしょう。

とすれば、この不自然さのなかでわれわれを生かしているものは何か。それこそが「生命」と呼ばれるものにほかならない、と彼はいうのです。この生命が人を生かし、そして、われわれは生命の営みを行うことによって初めて生きることができる。

確かに、いきなり洪水に飲み込まれて一瞬のうちに命を奪われることはありえます。テロリストの爆弾によって予想もしない場所でまったく不意に死んでしまうこともないわけではない。そこで個人の肉体は滅びます。

しかし、彼を生かしていた、目には見えない「生命」は滅びるわけではないのです。「生命」とは、その個人の個体に起こる肉体的な生の以前からあり、この肉体の消滅後もまた続くのです。現代科学は、それを遺伝子やＤＮＡなどに還元してしまうのですが、そうではなく、親から受け継いだもの、祖先から受け継いだもの、育つ環境、重層化された記憶などでもあるのです。

「生命」は死後も続くのか

山歩きの好きな友人が先日こんなことをいっていました。山を歩いていて時々アリを踏みつぶす。アリンコにとってはとんでもない災難で、不慮の死というほかない。しかし、その個体を超えていえば、それにもかかわらず、アリをまた誕生させ、アリの生活を生み出す何らかの「生命」はずっと続いていくんだろうな。人間もアリと同じことだ。われわれは、一人一人、何か自分の力で生きているように思い、健康に気づかい、サプリメントを飲み、山を歩いて体を鍛えているけれど、本当はアリンコと同じで、いつでも死すべき運命のもとにおかれている。オレが、山登りの最中に、アリンコみたいに、いきなり雷にでも打たれて死んでも何の不思議もない。そこでオレの肉体は滅びる。しかし、オレを生かしてきた何かがそれでなくなるわけではない。言い換えれば、オレは自分で勝手に生きていたというよりも、何かによって生かされてきたということだな。

こんなことをいっていました。

その通りでしょう。生と死の問題を考えるのは難しい。それは、一方で、私の死は、私だけの大問題です。私が死ねば、そもそもの「私」はなくなるので、私の生や死を超える何かについて論じても何の意味もありません。霊魂や生命などといっても何の意味もありません。私個人としてはそういうことです。一応、そういうことは理解できます。しかし、どうもそれだけでは済まないのです。私個人を超えた何かがありそうな気もするのです。そこにこの問題の最大の難関がある。

それは、厳密にいえば、「私の死」というものは、実は、当の「私」にとっても存在しないからです。「私」は自分の死さえ経験することはできません。とすれば、私の死を与えるものは、「私」を超えた何ものかだ、ということになってしまうからです。生老病死というけれども、その在り方など、私には選択もできなければ、意思もできなければ、計画もできないのです。そうなると、私を超えた何ものかが、私の生や死を動かしている、ということにもなるでしょう。

それを先のトルストイは「生命」と呼んだのですが、彼はまた、次のような興味深いことも書いています。

仮に、人間を超えた「生命」があるとして、それで、われわれは死の恐怖からある程度解放されたとしよう。それでも、生の耐えがたい苦痛だけは納得ができないのではないか。若くして、自分だけがどうしてこんな病気で苦しまねばならないのか、どうして私だけが次々と災難にあわなければならないのか。人はそう尋ねる。

目の前で子供を列車にひかれた母親がいる。洪水で握っていた子供の手をつい放してしまった親がいる。この世には、途方もない不幸を与える意味のない偶然による災難がいくらでも降りかかってくるのです。道を横断中に巨大な人間によって理不尽に踏みつぶされるあの不幸なアリンコと同じことです。

罪の意識と自我について

そう考えれば、確かに人生とは苦痛に満ちたもので、このやりきれないわけのわからない苦痛と不安だけでも普通ならこの世に永らえては生きてはおれないだろう、とトルストイはいう。しかし、それにもかかわらず、たいていの人は生き永らえる。簡単には自死を選ばないのです。それはどうしてか。

まず考えられる答えは、そうはいってもまた楽しい時間もある。つまり、結局、苦痛よりも快楽の方が大きいからだ、という人がいるでしょう。しかし、それは間違っている、と彼はいいます。

では、その理由はどこにあるのか。それは、われわれは、われわれの苦痛が、それなりに理由があり、そして、その苦痛を与えられることが、逆にわれわれの幸福の不可欠な条件だと思っているからだ、というのです。苦痛と快楽の量を比較したって意味はなく、そもそも苦痛があることが、逆に、人間に快楽を与えたり、喜びを与えたりするのだ、という。苦痛を知るものだけが、本当の喜びを知ることができるのです。ところが、そのことを知らないで、われわれは少しの苦痛にも我慢できません。

人間は、戦場で敵の足を散々切り落としてきたくせに、弾《たま》にあたった自分の足を大騒ぎして治療したりするものでしょう。また、散々、生き物を殺しておいて、今度は自分がオオカミに襲われるとなると、これも大騒ぎして逃げ回るものでしょう。

それはそれでしょうがない。しかし、その「しょうがなさ」に張り付いた「うしろめたさ」の意識がそこになければならず、この「しょうがなさ」を反転すれば、そこにあるのは「罪の意識」なのです。

もう少し一般的にいえば、人間は、人間として生きる限り、どこかに「罪深さ」を背負っている、ということです。動物を殺しながら、自分は動物には決して襲われたくない。アリを踏み殺しながら、ヒアリに刺されたら大騒ぎする。戦争ではいくらでも他人を殺しながら、誰かに自分の小指の先でも傷つけられれば大騒ぎする。見知らぬ人の子供が地震にあって亡くなることよりも、わが子が学校の先生に叱られたことの方が大事件になる、といった塩梅で、人間の生とは、見えない背中に「罪深さ」を背負っているものなのです。端的にいえば、人間の生は、我欲に強く支配されている。そして、自我と欲を離れない限り、人はどうしても「罪」から逃れることはできません。

人間が背負う「罪深さ」

そして、生の「苦」とは、結局のところ、人間の「罪深さ」に起因する、とトルストイは述べるのです。そこに本当に因果関係があるのかどうか、といっても仕方ありません。目の前で子供を列車にひかれた母親は、このどうしようもない理不尽について、結局、二つの態度をとるほかない。

ひとつはこうです。これはまったく偶然の結果であって、この事態に対して何の原因も因果もない、と考える。この母親は、ただただひたすらこの理不尽を耐え忍ぶほかありません。

そしてもうひとつはこうです。この苦しみを自分に与えるものは、過去の自分の罪の帰結である、と考える。もちろん、何らの確かな因果関係などあるのかどうかわかりません。いや、それは隠されているのです。われわれの知りえないことなのです。しかしそう考えれば、私の受けている苦痛は、罪からの救済である、ということにもなるでしょう。苦痛を引き受けることで、目にはみえない罪を贖《あがな》っているのだ、ということです。

そしてそれをもっと一般化すれば、この苦痛は、私や他の人々、つまり人間そのものの罪深さからの救済である、ということにもなるでしょう。いうまでもなく、これはイエス・キリストのたどった道でした。言い換えれば、イエス・キリストを思い浮かべれば、自分に与えられた苦痛は、自分を含めた人々の罪を改め、救済へ向かう道だ、ということになるのです。

この理解にたてば、生の苦しみは、人間のもつ根源的な罪を自覚することであり、自我などというものは、いつも人間の根源的な罪によって翻弄されるものなのでしょう。苦労や苦しみは、それを自覚するためのレッスンのようなものなのです。「人間の生活のすべては、ごく幼少のころから苦しみをとおして罪を意識し、あやまちから自分を解放することにのみあるのではないだろうか」とまでトルストイは述べるのです。

さて『人生論』という書物は、前述のようにもともと一冊の書物にするために構想されたものではありません。

ある時、トルストイは足を荷馬車にぶつけて打撲傷を負い、それがもとで丹毒《たんどく》にかかり生死の境をさまよいました。それを聞いたある出版社の女性記者が、彼女の死についての考えを綴った見舞い状を送ってきました。それに対して、トルストイは、彼なりの死についての考えを述べた手紙を書いているうちに長くなり、やがて、死よりも生に関する論述が中心となり、それを一書にまとめ上げたのがこの書物なのでした。したがって、幾分（というより、かなり）まとまりも悪く、必ずしも全体が整合的に書かれているわけではありません。

しかし、それでも、この書物は、多くのことを考えさせてくれます。論述がわかりにくいのは、トルストイのせいというよりも、この主題そのものの困難さのせいでしょう。

死ねばすべては「無」になる

そこで、もう一度、私自身の問題をはっきりとさせておきましょう。

問題はこういうことなのでした。多くの宗教は、絶対者である神を前提とし、神による死後の救済、といったことを述べます。また、神による救済は別にしても、死後世界が存在して、霊魂や魂は肉体の消滅後もその世界へゆく、という。

しかし、私には、どうも死後世界は信じられません。死んでしまえばすべて「無」としか思いようがないのです。いや、正確にいえば、よくわかりません。論じても仕方のない事項だと思われるのです。

で、もしそうだとすると、死の意味づけがでてこない。死はただ偶然的な生の遮断であって、それ自体が無意味なものです。しかし、死が無意味だとすると実は生にも意味がなくなるのです。人はただ、生物体としての生を生き、偶然の産物で社会を作りだし、様々な出来事がこれまた偶発的に生じて、消えてゆくものなのです。

しかし、それではまったくニヒリズムに陥るだけで、死にも生にも意味はない、ということでおしまいになる。おそらく人は、そのようなニヒリズムには耐えられず、生に対して何らかの意味を付与せざるをえないのでしょう。いや、生の意味をどうしても求めることになる。しかもその生の意味は、あくまで死の側から、あるいは死の自覚から与えられる、ということになるでしょう。

たとえば、ハイデガーは、常に死を想起し、死を前提として覚悟的に見据えることから生の実存的意味を見出す、という方向をとったわけです。あるいは、『葉隠』のような日本の武士道にも似たところがあり、これも常に死を意識し覚悟することで武士としての生の意義を確かなものとするわけです。

ところが、では実際の「死」は、というと、とてもではありませんが、『葉隠』が想定しているような見事な、意思的な決断による生の遮断どころではありません。実は『葉隠』も同じ問題を抱えてはいたのですが。それは、もはや武士のように戦場で名を残して戦士として死んだり、主君に殉じて切腹するという時代ではなかったということです。

そしてそれは現代においてもそうです。現代における死は、基本的に老と病と不可分に結びついており、そもそも生と死の境界もあいまいになり、主体的な意思的行為どころではなくなってしまっているのです。

そういう時代に、果たして、どのようにして死に意味を与え、それによってどのようにして生を意味づけるか、そのことが私の関心なのです。宗教のように、いきなり絶対的な神や霊魂やあの世を前提とするのではなく、しかし、宗教的な精神を排除もせず、この問題をどう考えるかが、ここで論じたいことなのです。

無意味だからこそ「何か」がある

もう一度繰り返しましょう。私は、人間は死ねばただ土にかえるだけで「無」だと思っています。その意味では基本的に物質主義の立場をとる科学者と同じだといってよいでしょう。

しかし、それでは生の意味も容易にはでてこないのです。そして、何らかの形で生の意味づけをしなければ人間は社会を作って生きてゆくことはできません。だからこそ、どうしても、死は無意味であり、死後は「無」である、という私のような理解ではとらえきれない「何か」を求めてしまうのでしょう。いや、生も死も物質の結合による偶発的事実だ、というだけではすまない「何か」がある、と感じるのです。そして、この「何か」を無視することもできないのです。そこに実は宗教的なるものの発生の根底があると思うのです。

いや明確に宗教的な形はとらないとしても、少なくとも、合理的かつ実証的には理解できないある種の「形而上的なもの」が登場してくる。つまり、「死」は無であり、無意味である、という思いがあるからこそ、それだけではとらえきれない「何か」が生み出されたということです。さもなければ、生を意味づけることはできないからです。

トルストイの『イワン・イリイチの死』の主人公は、何の特別な宗教的な信仰ももたず、来世や死後の救済などというものは信じていません。その意味では、死ねば無に帰す、と考えているのでしょう。

むしろ彼が考えてきたのは、現世での幸福だけでした。その意味では徹底的に世俗主義者であり、この世での快楽や名声を求めていた。しかし、思わぬ病気になり死を前にし、その死にも意味がないとなると、この世で彼がやってきたことには何の意味もなくなったのです。そのことが彼を恐怖に陥れ、苦しめるのです。そして、最後に彼が行き着いたのは、現世への執着をたち、現世の生に意味を求めることをあきらめる、ということでした。死をそのものとして受け入れるという態度でした。そして、死者から生者へのかろうじて可能な贈りものは、「ゆるしてくれ」という言葉だけだった（実際には言い間違えましたが）。

自分が執着してきた生とは実は罪深いものであり、死とはその罪からの解放である。そしてまた、その死という絶対者の前では、すべての罪もまた許される、とトルストイは言っている。言い換えれば、死が何ら特別な意味をもたないからこそ、死は、あらゆる形の生をそのまま受け入れるのです。偽物の生だったとしても、それでいいではないか、という。いや、その偽物の生だったという反省的な意識をもつことによって、はじめて、それでもいいじゃないか、という許しに達する。

もしも死が来世への入り口であったり、神による審判や救済の糸口であれば、イリイチは、死をそのまま受け入れることはできなかったでしょう。むしろ、死は意味をもたない絶対的なものだからこそ、彼の欺瞞に満ちた偽りの生をすべてそのままで受け入れたというべきなのです。

トルストイのなかには、明らかにふたつの思いがあり、それが葛藤しているように私には見えます。

ひとつは、死は絶対的なもので、したがって、そんなものに、この現世という相対的な世界から意味を与えることなどできないではないか。だが、死は絶対的に無意味だからこそ、それはすべてを受け入れ、すべてを許すだろう、という思いです。

もうひとつは、死そのものは無意味である、だからこそ、死を超えた何か、「生命」と呼ぶような何かがある。そして、その永遠と続く、しかも個人の死という現象を超えた「生命」こそが、個人の生にも死にも意味を与えている、という思いです。このふたつの思いがあるように見える。このどちらもがある種の救済を求めているのです。ここまでくれば、私は、このふたつの次元を、改めて日本人のもつ死生観と照らし合わせたくなってくるのです。

第六章　仏教の輪廻に見る地獄

源信『往生要集』での人間の煩悩

奈良の国立博物館で源信展（「源信　地獄・極楽への扉」）が開催されており、行ってみました。２０１７年8月の猛暑まっさかりのなかのことでしたが、大盛況の展覧会でした。中国人の観光客と思しき人もかなり来ており、少々複雑な気もします。

源信といえば『往生要集』で知られた平安時代の比叡山の大僧侶で、われわれは、まちがいなく学校時代にこの僧侶の名前ぐらいは習っているのですが、たいていはその程度でおしまいでしょう。実際に『往生要集』（９８５年撰述）を読んだことがあるなどという人は相当な古典通で、「一般人」ではそうはいないでしょう。実際、これは結構大部なもので、現代のわれわれがそう簡単に読めるものでもありません。

もっとも、地獄の恐ろしさを巷間広く知らしめるにあたってきわめて重要な役割をはたしたのがこの書物だというのですから、これは、平安時代のベストセラーというわけです。この時代に描かれた「地獄絵図」などは、『往生要集』から強い影響を受けており、またいうまでもなく、法然が源信の影響のもとに専修念仏を説いたわけであって、日本の浄土教の立役者が源信だといってよいのです。

『往生要集』は、いうまでもなく、りっぱな「往生」の仕方、つまり正しい死に方を教授した本で、そのために、彼はこれでもかとばかりに地獄の恐ろしさを描き出し、続いて極楽浄土のすばらしさを論じ、最後に、その極楽浄土へ往生する方法としての念仏の作法を事細かに記したものなのです。厭離穢土《おんりえど》・欣求浄土《ごんぐじょうど》を民衆にまで広げようとしたのです。

と、誰でもが、おおよそこの程度の知識は持っているのでしょうが、それでも、今日、源信や『往生要集』に格別な関心を持っている人がさほどいるとも思えません。いや、かくいう私自身も、この程度の知識しか持ち合わせずに猛暑の中に会場へ出かけてゆき、汗を流しながら、人々の頭越しに薄れかかった地獄絵をかいま見ようというのですから、確かに大盛況も別に不思議がるほどのことでもないのでしょう。

もっとも、この書物は、往生するための単なるハウツー本ではありません。当時の最高の学僧であった源信が膨大な経典を参照し、その文言を集めてきて読解した教学の書でもあって、だからこそ、源信は、この書を人に託して中国（宋）にまで送ったのでした。

「地獄」の観念は、もともとサンスクリット語やパーリ語の「ナラカ」から出た言葉で、それが「奈落」になり、さらに「地獄」になったようですが、それからもわかるように、この観念はもともと古代インドにあったようです。初期仏教にも地獄の観念はあったのですが、それが少し後世になると、よく知られるように、地獄、餓鬼《がき》、畜生、人間、神々の五道（五趣）、さらには、そこに修羅が加わった六道になり、この六道こそ人間がいつまでも輪廻《りんね》する世界だ、ということになりました。神々の天上界がこのなかに入っているのは少々奇妙な気もするのですが、神々もまた欲望をもち、迷いのなかにあって煩悩《ぼんのう》の世界にいるのです。ともかくも、衆生は死後もまたこの六道に落ち、そこを何度も生まれ変わることになる。

死後も生まれ変わるなどといえば、つい衆生たるわれわれはうれしくもなって「今度は何に生まれようかな」などと思ったりもするのですが、仏教では、生まれ変わるなど、とてつもなく恐ろしいことなのです。

では、どうして輪廻するのか。それは、煩悩がある限り、人間は悪行から逃れることができず、この世での悪行は、来世でとてつもない苦痛をもたらすという業因があるからだ、というわけです。

そこで、どうすればこの永遠に続く苦から逃れることができるのか。煩悩を断ち切るしかありません。とりわけ貪《とん》・瞋《じん》・痴《ち》、すなわち、貪欲、怒り、愚鈍といった煩悩を断ち切ることです。もちろん、これを断ち切ることは容易なことではありません。だから、容易ならざる修行に日々励んでそれを断ち切った者が覚者であり、覚者ともなれば、六道輪廻から解脱できる。しかし迷いに満ちた六道を輪廻する限り、煩悩に苦しめられ続けるのです。

そのことの大事さをことさらに強調するために、源信はとりわけ地獄の悲惨さを徹底して描きました。当時数多く描かれた六道絵図などでも、地獄のおぞましさがことのほか強調された。もちろん、これはサンスクリットで書かれた仏典の原文でも同じことです。地獄や餓鬼の姿が恐ろしければ恐ろしいほど、激しい修行に打ち込んで覚《さと》りを開くことの大切さが了解されるからです。逆にいえば、さほどまでに現世の煩悩に打ちかつことは難しいのです。もっとも、そんなことは、衆生ならだれでもわかっているから衆生なのでしょうが。

私は、仏教についてほとんどまったく無知同然なので、むろん経典上の議論をしようというわけではないのですが、ここでついこんなことを考えてしまいます。衆生たるわれわれが死んで六道に輪廻するとすれば、その輪廻する「私」とはいったい何なのか、と思ってしまうのです。さらに、解脱というのはどういうことなのか。釈迦は、覚りの世界を涅槃（ニルヴァーナ）といったようですが、涅槃とは、それ自体がどこかにあるひとつの世界なのかどうなのか、ということです。

仏教には「私」が存在しない

実は、そうしたことは仏教の内部でもかなり重要な問題のようなのです。初期仏教は、「私」などという実体は存在しないことを強調します。「私」と称しているものは、実は、まず感覚機能を備えた自分の肉体があり（色）、さらに、外界の様々なものを苦や楽といった感覚で受けとめ（受）、心のなかでそれを様々な思念や妄念によって表象作用を行い（想）、あることがらを能動的かつ衝動的に欲求し（行）、それについて判断する

（識）という五つの作用の集まりであって、その五つの作用そのものが、実は、きわめて頼りないものなのだ、という。

それはそうでしょう。われわれの肉体といっても、その時々で調子が良かったり、悪かったりするし、年を取れば肉体も変わります。耳も遠くなり、目もかすんでくる。当然、感覚の働きも変わります。なにせ花粉症にかかったぐらいでも、急に感覚作用が鈍くなるぐらいですから。だから、外界のものを受け止めて、それをもとに表象作用を行うといっても、そんなものは決して確かなものでもありません。美しいものやかぐわしいものは、またわれわれの妄念や邪念を呼びおこし、衝動的にそれらを欲望の対象にする。しかしどんな美人でも三年もすれば急激に容貌も減退するとすれば、われわれの知識も意志も欲望もまたいかにも頼りないものというほかないでしょう。

色（物質現象）というわれわれの肉体と、受（感覚的なもの）、想（表象作用や思念）、行（意志や欲求）、識（認識と判断）からなる「五蘊《ごうん》」の結合したものが「私」だとするのが仏教の人間理解であって、この五つの要素もしくは作用がたまたまその都度、その都度の結びつきをもったものが「私」なのです。この結びつきを「仮和合《けわごう》」というのですが、そんなものは決して確かなものではない、というわけです。

確かに、外界の様々なものに反応するわれわれは、美しいものに惑わされ、うまいものを食べたいと思い、暖かい衣類に包まれたいと思い、こうして、際限なく欲が膨《ふく》らんでゆく。

ところが、欲望が膨らめば膨らむほど、それを手に入れることのできない苦痛も増大するでしょう。欲望が欲望を生み、するとますます苦痛も大きくなる。自分よりもよい生活をしている隣人に嫉妬したり、高価な財宝を手にいれるために他人と血みどろの争いをしたりする。これは人生の苦にほかなりません。ではこの苦を生み出したものは何かといえば、「私」の欲望であり、それは何かというと、そもそも決して不変で確たる存在でもない五蘊にゆきつくのです。

しかし、五蘊である色、受、想、行、識、さらには六入（六根）である目、耳、鼻、舌、身、意など、すべてが時間とともに変化し、しかも、実に主観的であり、状況依存的でしょう。となれば、そこには不変の実体は存在しない。五蘊など決して確かなものではない、とまずは知らなければならない。これが「五蘊皆空《かいくう》」といわれるもので、そうであれば、「私」もまた実体をもたないのです。

現代で正気を保つために

これと対照的なのが、近代人たるわれわれにほかなりません。とにもかくにも近代人は、「私」という確かな「主体」がある、と信じようとした。確かな「私」がないとなると、契約によって成り立つ近代社会などという観念も成立しないのです。自由や民主主義などという政治理念も何ともあぶなっかしいものになるからです。「自由の主体」にせよ「欲望の主体」にせよ「選択の主体」にせよ、あるいは「責任の主体」にせよ、近代社会は、この「私」という「主体」を明確にして組み立てられているのです。だから、戦後日本の最大の思想的な課題は、いかにしてまともな「市民社会」を生み出すか、という点におかれ、それはいいかえれば、「自由の主体」であり「権利の主体」であるような「個人」をどのようにして自立させるか、という課題だったのです。

それゆえに、戦後の日本で仏教などというものの評判がめっぽう悪かったのもまた、当然のこととといわざるをえません。もしも、厳格に初期仏教の教説にたてば、とてもではないけれど「主体」としての「私」や「自我」などというものはそのままでは認められないからです。それこそそれは煩悩の産物であり、一種の仮象であり、実体をもたない五蘊の仮和合に欺かれている、ということになるでしょう。

しかしまた、その戦後が70年以上もたって、今日の世界を見ればどうでしょう。あらゆる人が自我をむき出しにして損得勘定に走り、人を押しのけ、跳《は》ねのけ、踏んづけて利益を求め、他人よりわずかでもすばやく、多くの情報を手に入れ、政治家や芸能人のささやかな失態を見つけたら、皆で罵倒《ばとう》して大騒ぎする、というこの世間を見れば、とてもではありませんが、これこそが真実在の仏国土などと誰もいえないでしょう。

まさしく、真実在をどこかに忘れてしまったために、われわれは自らの五蘊によって自らを欺いている、というほかないでしょう。そうとでもいわなければ救われません。どこかで五蘊皆空であり、仮和合であると思っておかなければ、とてもではありませんが、この世間をそのまま受け取ることはできないでしょう。聖徳太子ではありませんが、まさしく「世間虚仮《こけ》」なのです。そう思わなければ、今日の世界で正気を保ち、精神のバランスを維持するのは難しいでしょう。

ではどうして、五蘊が一種の仮和合を起こして「私」になるのか。それには何の理由もありません。いや、それを説明するのが「因縁所生《しょしょう》」の観念なのです。つまりすべては「縁起」によるというのです。ここには、「私」を超えた、「私」のまったくあずかり知らない力が働いている、ということです。

そういわれてもわれわれは容易には納得できないでしょう。今この世で私が病気がちで人生どうも調子がでないのは前世の「因縁」だといわれても納得できません。

しかしまた、それでは、別に何か納得できる説明があるのでしょうか。トルストイが書いていたように、目の前で、たまたま子供を列車にひかれた母親は、その事実をどのように納得させるのでしょうか。まったくの偶然というほかありません。しかし、偶然というだけではこの事実は受け入れがたいのです。それならば、自分は以前に何か罪深いことをした、その報いだ、という方がまだしも受け入れやすい。因果応報という「物語」を作ることで、何とか精神のバランスをとることができる。

そして、この「物語」が巨大に膨らんで、西洋文化の全体を飲み込んだのが、キリスト教文化だった、というわけです。極端にいえば、神との約束をやぶってリンゴを食った最初の人間のわりとささやかな原罪が、現在では、ユダヤ教徒とキリスト教徒との間の、そしてイスラム教徒とキリスト教徒との間の恐るべき殺戮という巨大な罪悪まで膨らんでしまったのです。

それもこれも、キリスト教徒の末裔たちは、もはや、最初の人間のささやかな罪に対する贖罪を忘れてしまったからというほかありません。

原罪を犯した人間の末裔が、今日、核兵器を開発して今度はいつ自分たちが大量殺戮に巻き込まれるかわからない、という罰を受けている、などというとほとんどブラックジョークに聞こえてしまうでしょう。しかし、第二次大戦のときに、ナチスによって強制収容所に収容されたユダヤ人は、自分に降りかかってきた悲惨を、これは神罰かと考えざるをえなかったのです。

日本人流の因果応報とは

われわれは、「私」を超えた事態、それも命にかかわる「私」を超えた出来事を、どうしても「私」を超越した物語で了解しようとします。因果応報は、したがって、何も日本人だけではなく、かなり広くみられる解決策（本当は解決できないとしても）なのです。イスラム原理主義者は、いまだに「神の裁き」を下すというのです。「ジハード」にしても、「神」のための聖戦です。

18世紀のリスボン大地震では、これは神の意志なのか、ということが大問題になりました。東日本大地震のおりには、視察にきたアメリカの駐日大使であるルース氏（彼はユダヤ教徒だそうです）は、被災者に対して、「神のご加護がある」といったようなことをいいました。

すべて、多少のニュアンスの相違はあっても、基本的に因果応報思想なのです。キリスト教の場合、その因果応報の起点が神になっている。そして、神が人間に対して絶対的な優位をもつのは、アダムとイブという人間が神との約束を破ってリンゴの実を食べるという原罪を犯したからでした。

それに比べると、仏教の因縁所生論は、神やら原罪という作話上のわかりやすい観念がないために、いかにもとってつけたような感じはないわけではありません。要するに、因果関係の始まりが日本にはないのです。人は、アダムやイブという最初の人間に行き着くのではなく、どこからかこの世にやってきて、またどこへやら去ってゆくのです。

その「どこからか」や「どこへやら」をわれわれは、前世、現世、来世と表現し、この三世《さんぜ》を正当化するために六道輪廻の思想を生み出したのでした。そうしないと、一瞬にして津波に肉親をさらわれるといった理不尽な出来事を、われわれは、とてもではないですが、受け入れることはできないからです。

しかも、この日本流の因果応報は、ユダヤ教やキリスト教とも大きく異なった面をもっている。それは、ユダヤ・キリスト教の因果応報が、基本的に、神との契約違反に基づき、また、神の戒律や教えに対する離反から生じるために、神罰という形をとります。だから、罰を恐れる人はまた神への服従を強いられます。しかし、日本人の因縁生起では、この世での苦難の原因は、基本的に自分にあるのです。過去世の自分の「業《ごう》」のゆえなのです。自業自得といってあきらめるほかありません。

もちろん、実際には、こんな説明で納得できるものではないでしょう。前世まで戻って因縁生起や縁起などといって納得できるものではないでしょう。しかし、今、目の前で起きていることは、すべて幻であり、仮象であるとでもしなければ、この現実をやり過ごすことも難しい、ということはあるのです。それが、仮象であるということは、それを見ている「私」もまた、仮象である、ということにほかならず、それはこの現実は虚仮であり、その背後にこそ、われわれの目には見えない真実在世界が存在する、ということです。そう想定するほかない。現実のどうしようもない苦難をやり過ごすには、目に見えない力にすがるしかない。それを、仏教では三世の因果としたのです。

「無私」「無我」と「無自性」を知る

さて、もしも「私」を構成している五蘊が空だというのなら、この「私」なるものも、当然ながら実体をもたないでしょう。われわれがしばしば誇らしげに宣言するあの「主体」や「自我」など、どこにも存在しないのです。「私」などといっても、実は、「私」などあずかり知らない「因縁生起」による。つまりすべては「縁起」によって、今ここにある、ということです。

すべての根本は縁起であって、「私」など存在しない、「我」などというものはない、と覚ること、それこそが仏教の真理であり、その真理を本当にわかることが解脱への道ということになる。「無私」であり「無我」であると知ることです。「私」はないと了解することです。

いや、より正確には、現にここで動き回り、何かを求めている、この現象としての「私」はいるのですが、それは一種の仮象だ、と知ることです。つまり、われわれが、普通に「私は腹が減った」とか、「私は勉強がきらいだ」などといっている「私」は、いわば「仮の姿」であって、そんな私は、すぐに別の私に変わってしまうでしょう。「私こそが日本を変える」などといっている人も次の日には、けろっとそんなことは忘れており、そう突き詰めれば、自我などというものが確かに存在するとは思えません。むしろ、「無我の我」「無私の私」というべきで、いったん否定された「私」こそ、本当の「私」である、ということになるでしょう。

だから、ここでいう「無我」は、「私」が文字通りどこにも存在しないということではありません。別に、ここにいる「私」は、幽霊だとかクローンだとか影法師だとか錯覚だといっているわけではありません。

確かな実体としての「私」はないと考えよう、といっているのです。私の本質は「無自性」なのです。不変で確かな実体としての「私」を「無」と見ようということなのです。

当然ながら、不変で確かな私が存在しないのですから、私が働きかけているこの世界のもろもろも、実は実体をもたない。それは、ただ、幻影の私が、そこにあると思っているだけのものだ、ということになるでしょう。かくて、すべては、まずは「無」になる。「諸行無常、一切皆空、諸法無我、涅槃寂静」というわけです。この場合の「法」とはさしあたりは、五蘊や六入を含めて、この世の存在するものすべてであり、仏教の真理を示す般若（パンニャー）とは、この存在するものすべてが「無」であることを知ることなのです。それは「諸行無常、諸法無我、涅槃寂静」の「三法印」、そして、自己の本質が無自性、つまり「無我」であることの覚りにほかならないのです。

この「無」が中間派の「空」の観念を通して、大乗仏教では、『般若心経』に典型的に示されているような「色即是空、空即是色」になってゆくわけです。

前世や来世はあるのか

それでは、「諸法無我」であり、「色即是空」であること、己の本性が「無我」であり、一切は皆空であるなどということをわれわれは本当に体得できるのでしょうか。私など、こういうことは頭ではわかりますし、菩提樹の木の下で瞑想でもして覚りに達したいとは思いますが、とてもではありませんが、そういうわけにもいきません。桜の木の下で迷走だか酩酊《めいてい》だかするぐらいのことしかできません。

そうなるととても私など真の意味で仏教徒とはいえません。しかし、改めて問えば、そもそも、一体、何のために覚りを得ようというのでしょうか。

確かに、「戒、定、慧」、すなわち、戒に従った生活をする、禅定に入る、そして、智慧を得る、という修行に明け暮れる修行僧はいる。しかし、修行僧はともかく、われわれは、そもそもどうして般若の真理に近づきたいと思うのでしょうか。

その答えはただひとつ、輪廻の苦しみから逃れるため、ということでした。六道輪廻、すべてが苦ですから、当然、この人間世界の生も苦なのです。それから解脱することこそが修行の目的のはずです。

しかし、ここで、私はつい、こう問うてしまいたくなります。そもそも前世や来世などというものがあるのか、と。そもそも死後世界などというものがあるのでしょうか。この世でろくなことをしない者に向かって「お前なんか地獄に落ちるぞ」といっても、その地獄に落ちた「お前」とは何なのでしょうか。輪廻するものは一体何なのでしょうか。少なくとも初期仏教が永遠の霊魂などというものの重要性を認めていたとは思えません。

肉体を離れて、あの世へ行ってしまう霊魂などというものがあるとすれば、「私」とは霊魂だということになってしまいます。五蘊皆空や無我どころではありません。

一切皆空だとすれば、地獄や極楽も本当は空なのではないのでしょうか。そうだとすれば、覚者である仏陀が入った涅槃とはいったい何なのでしょうか。実際、釈迦牟尼は、如来は死後世界に存在するのか、という問いには答えませんでした(解答なしを「無記」といいます)。霊魂と身体の関係は、という問いにも「無記」だったのです。

仏教の教義がこのような問いにどう答えるのかは、私にはわかりません。しかし、少なくとも、釈迦牟尼の初期仏教が、死後の世界や来世に人が生まれ変わるなどと論じたとは思えません。釈迦は、死後世界についても世界の無限性や永遠性についてもついに語らなかった。つまり、釈迦が目指したものは、あくまで、この現世での生の苦しみからの解放であり、激しい修行の果てに、己の「心性本浄」つまり「無我」たることの覚りをえることだった。ただただ、解脱して涅槃（安楽の境地）に入ることだったのではなかったのでしょうか。

「地獄」とは何か

とすれば、六道輪廻とは何なのでしょうか。むしろ、それは、生きているこのわれわれの世界そのものと見てもよいのではないでしょうか。欲にまみれて、ほとんど地獄絵のような狂気に陥ることもあります。年を取って体は動かないのに、病院のベッドに括り付けられているのも、永遠に続く地獄のごときものでしょう。生きもせず死にもせず、という生の終末の様相は地獄といってもよいでしょう。

また、近年はあまり目にすることはありませんが、昔なら、本当に餓鬼と呼べるようなガリガリに痩せて食べ物をあさる人間もいたことでしょう。あるいは、たえず怒りに身をやつし、みさかいなく争っている修羅の人もいるでしょう。畜生とは、人の道を外れた恥ずべきことを平然と行う者だったのでしょう。

とすれば、六道輪廻とは、必ずしも死後の世界ではなく、まさしく、いまわれわれが生きているこの世界の現実でもあって、われわれ自身が常に六道と接して生きている。そして、そのことを、浄土教はわかりやすく死後の六道輪廻と言い表したのでしょう。

『往生要集』についての解説のなかで、哲学者の中村元さんも次のように書いています。

「ここに表現されている地獄の状景は、空想的で、作り話であるという印象を与える。しかし、現実においてわれわれの生きているすがたを如実に表現したものではなかろうか。われわれは地獄の中に生きているのである」と（『往生要集を読む』講談社学術文庫）。まさに中村さんが述べるように、地獄は、人間を離れてあるのではなく、人間のひとつの側面にほかならないのです。

平安末期から鎌倉へ向かう時代は、想像を絶するほどの飢餓や災難に襲われた時代でした。打ち続く戦乱、蔓延する病気、地震や大火など。芥川龍之介の原作を黒澤明監督が映画化した『羅生門』に描かれているような時代なのです。

確かに、現世そのものが地獄絵図そのもので阿鼻叫喚《あびきょうかん》の声が町中に響いていたのでしょう。そんな時、人々が苦から逃れられるのは、むしろ「死」のみでしかなかったのではないでしょうか。とすれば、死に際して、せめて最後に死そのものを極楽往生と期待した心持もわからなくはありません。

ここで死は生にとって二重の意味をもってきます。

第一に、生が、大きな苦しみだとすれば、死は、生という苦痛からの解放であり唯一の希望ですらある。そして第二に、それにもかかわらず、死後の世界がまったく不明であり、想像を絶するものであるとすれば、死は恐怖である。つまり、死は、救済と恐怖のふたつの面をもってくるでしょう。

その時に、恐怖を取り去り、死を救済へと向けたのが、極楽往生を願う念仏だったのです。

厭離穢土・欣求浄土は、死の恐怖を和らげ、死を救済へと転換するために用意された反転の構図だったといいたくもなるのです。

往時の日々を生きることに必死で、へたをすれば、あの世ではなく、まさにこの世で地獄に落ちかねない衆生は、とてもではありませんが、戒・定・慧に従った修行によって解脱することなどできません。

それにかわる方便が、専修念仏で極楽浄土へ行けるという浄土教だったのでしょう。難行である聖道門《しょうどうもん》ではなく、易行である浄土門しかなかったのです。生を苦とし、解脱を救いとする仏教では、本来、死を恐れる理由はないはずです。しかし、それでも人はやはり死を恐れるのです。極楽往生という物語も、それを少しでも和らげる工夫だったのでしょう。

第七章　「あの世」を信じるということ

「死後の世界」を信じる若者たち

近年の世論調査によると、日本人の半数近くが「死後の世界」の存在を信じているようです。産経新聞社が出している『別冊正論：霊性・霊界ガイド』に様々な世論調査の結果が載っていますが、ＮＨＫの放送文化研究所の調査（平成20年）によると、「死後の世界」の存在を信じている人は44％で、信じていない人（30％）をかなり上回っています。平成10年の同じ調査では、信じる派が37％、信じない派が35％ですから、10年間ほどで、「死後の世界」信仰派は相当増えました。また別の調査では、昭和33年と平成20年を比較すると、「あの世を信じる」人は20％から38％へと約２倍になり、一方「信じない」派は、59％から33％へと半減に近い状態になっています。

普通に考えれば、宗教への関心、とりわけ「あの世」への信仰は、「この世」が絶望的であればあるほど高まると思われるでしょう。だから、日本では、平安末期から鎌倉時代へかけての、天変地異が頻発し、戦乱にあけくれ、飢餓や病気が蔓延した時代にこそ、仏教も神道も興隆したことはよくわかります。人は生きるために殺傷もし、盗賊まがいのこともしたでしょう。だからこそ、仏に帰依して来世での救済を求めたのはよくわかります。しかし、戦後日本は鎌倉時代とはまったく違います。これほどまでに経済が成長し、一国平和主義が功を奏したのか、かくも豊かで平和な時代はありません。しかもそうなればなるほど、「あの世」への関心が高まっているのです。奇妙なことというほかありません。

さらに、この調査に関しては少し面白いことがあって、世代別に見ると、昭和33年の調査で「死後の世界」肯定派の割合が確実に高いのは65歳以上の高齢層（この層の35％）ですが、それが平成20年では32％へ少し下がっている。ところが、29―34歳の若者層では、昭和33年には13％だったものが、平成20年では46％にまで増加している。これはかなりの数字でしょう。要するに、若年層ほど「あの世」を信じていることになる。

もちろん、この数字は、昭和33年と平成20年での比較ですから、年齢変化だけではなく、時代状況での変化も反映しているでしょう。とすれば、経済が豊かになり、平和が当然になると、若者たちの「あの世」への肯定感が強くなるという結果になるのです。

念のためにいっておきますと、時系列ではなく、平成20年だけで見ても、明らかに、「あの世」を信じる若者の割合は大きいのです。「あの世」を信じる60歳以上の人は、女性で34％、男性は29％ですが、16―29歳では、女性が65％、男性が48％にもなっている。とりわけ女性の場合、若年層は高齢層の2倍近いのです。

いずれにせよ男女とも、若年層で「あの世」を信じる人の割合は、高齢層より相当高いというわけです。

ついでながら、先ほどのＮＨＫ放送文化研究所による平成20年の調査にもどれば、「祖先の霊的な力」を信じる人は47％もいます。また「輪廻転生」を信じる人は42％、「涅槃」を信じる人は36％となっている。いずれの数字も、若年層で高くなっているのです。「祖先の霊的な力」や「輪廻転生」を信じる人が40％以上もいるのです。

もっとも、この数字をあまりまじめにとらえる必要もありません。まだ人生の先が長い若者と、だんだんと後がなくなってきている老人では、宗教や信仰心の意味もかなり違っているでしょう。若い時の方が、「あの世」や「輪廻転生」などに、気楽に興味を持てるものです。好奇心もあるでしょう。日本の伝統的死生観への関心もあるでしょう。また、若さの特権ともいうべき不可思議なものへの感受性もあるでしょう。

「あの世」を信じられない高齢者

しかし、死が本当にリアリティをもってくる高齢者ともなれば、むしろ「あの世」などと簡単に信じることができなくなるのは、当然ではないでしょうか。本当に「あの世」があるとなれば、死後、自分はいったいどんなところへ行くのかを、ある意味で、真剣に考えざるをえないからです。自分はどこか未知の場所へ行くことになる。しかし、それがどんな場所やらまったく見当もつかない。それをそのまま信じよ、という方が難しい。死が身近にリアリティをもってくると、むしろ曖昧なものや未知なものに死を委ねようという気がしなくなるのではないでしょうか。

しかし平安末期や鎌倉となればだいぶ違います。信仰ということの切迫性が違うのです。同じ「あの世を信じる」や「輪廻転生を信じる」といっても、彼らの方が、信仰のもつ切迫感ははるかに強かったでしょう。死を意味づけるものが他に何もないのです。救済を求める心理ははるかに強かったでしょう。だから、具体的な浄土や極楽というもののイメージを必要としたのでしょう。そこでこそ、仏教学者の鈴木大拙のいうような「日本的霊性」がくっきりと立ち上がった、ということもできるのです。

今日の日本人にそんな切迫感があるはずがありません。もちろん、艱難辛苦をなめている人は現代でもいるでしょうが、あの「霊性」が立ち上がった鎌倉時代とはまったく比べものにはなりません。しかも、社会状況のおかげで苦しんでいる者が40％以上いるとも思えません。私には、40％もの人が「あの世」や「輪廻」や「祖先の霊」への本当に強い信仰心をもっているとは思えません。だから、この数字をもって、宗教心の復活などという気もなければ、逆に日本人は、いまだに神仏やあの世という迷信に囚われている、と苦言を呈する気にもなりません。

と、ここまでは前置きです。

このことを断った上で、話を二転、三転させて申し訳ないのですが、私が述べたいことは次のようなことなのです。この調査の面白さは、飽食と平和に満ちたこの日本で、強い信仰心もないくせに、なぜ、半数近くの人が「祖先の霊」を肯定的にとらえ、「あの世」を肯定するのか、という点にあります。確かに、それは奇妙なことなのです。

おぞましい「孤独死」の恐怖

それに対する私の答えは、さしあたりは次のようなものです。

歴史を概観しても、われわれのこの時代ほど、物質的に恵まれ、生がたやすくなった時代はありません。食べたいものを十分に腹に詰め込み、特別な事態がなければ、いきなり日本が大戦争の当事者になるとは考えにくい。スマホによっていつでもどこでも情報と戯れ、誰かとつながることもできる。最近はあまり見ませんが、老いも若いも、スマホ片手にポケモンなどというバーチャル怪物を求めて町中をさまよい歩く。少なくとも、外面的かつ社会状況でいえば、これほど気楽に快楽的な生を現実化した社会はかつてなかった。そして、そのゆえにこそ、最後に残された問題は死と死後の意味になってしまったのです。生の快適さと快楽をいくら追い求めても、最後に待ち構えている「死」の問題には何の解決にもならないからです。

しかも、この飽食と過剰の時代に、人生を待ち受けているものは、かなりの確率で、どうにもならない「孤独」なのです。読売新聞の調査によると、2016年一年で誰にも看取られずに自宅で死んだ独居者は1万7000人を超すという。死亡者全体の3・5%に及ぶそうです。東京23区がもっとも多く、この地では5・6%の人が孤独死をしている。

現在、50歳で独身の男性は23％です。もっと若くなると、30代前半で独身の男性は47％、女性は35％にも達します。今後、間違いなく「孤独死」は増加してゆくでしょう。かつてのような、ある程度の規模の家族や、近隣関係もほとんど解体し、文字通り一人で死ぬということです。「死ぬときはどうせ誰でも一人だ」などとわかったようなことをいっている場合ではありません。

本当は誰も一人では死ねないのです。死ぬためにも誰かの助けがいるのです。その助けがなくなる、というのが、これからやってくる「孤独死」のおぞましさなのです。

要するに、歴史上かつてないこの豊かな時代の真っただ中で、いわばむきだしの形で「死」が襲ってくる、もしくは待ち構えている、といってよいでしょう。その意味では、むしろ平安末期や鎌倉時代の方が、死が日常化し、身近にあった分だけ、「死」への心構えもあり、「死」になじんでいたかもしれません。しかも死にゆくものの身近に誰かがいた分だけ、死にやすかったかもしれません。

いや、その前に、誰もが「死」を見つめながらも、生きることに精一杯だったでしょう。そして様々な思いを残しながら死んでいった。そこで、たとえば死後についての意味づけを行い、浄土への往生を願って、死後に幸せになると慰めるほかなかった。だから専修念仏の浄土教がいっきに広まった。輪廻や解脱、浄土や地獄を本当に信じていたかどうかは別として、この「死後の物語」をそれなりに受け入れることができたのでしょう。「信仰」とは「死」や「死後」の意味づけについての物語への信です。宗教とは生死にかかわる物語を含んでいるもので、この物語が信憑《しんぴょう》性をもって立ちあらわれる、という時代があったのです。

それに比べると、昭和末期から平成へのこの時代には、もはや確かな「死後の物語」などありません。いや、「死」そのものをできるだけ隠蔽《いんぺい》し、思考の枠からはずしてきた。それどころではありません。近年の生命科学の急激な発展は、生命活動をできるだけ延長し、寿命を延ばし、不老不死の夢を追い求めてきたのです。しかし、そうすればそうするほど、その真っただ中に「死」が姿を現してくる。いくら生命科学が発展したとしても死がなくなるわけではない。むしろ、再生医療のおかげで寿命は延びるものの、本当に健康で生き生きとした社会的活動が送れる健康寿命はそれほど延びるわけではないでしょう。

すると、ここにおそるべき状態が出現します。医療技術の発達のおかげで、社会的な活動力も失って、生きる活力も低下しているのに、ただただ生き延びさせられる、という事態になりかねない。いったいその時にどうしたら死ねるのか、という問題が浮かび上がってくるでしょう。「生」の技術がかくも成功したその結果として、「死」が求められるようになる。

まわりを見渡せば、誰もいない。へたをすれば、家族もいない。かつて、年寄りは姨《おば》捨山《すてやま》に捨てられた時代もありましたが、姨捨山に捨ててくれるものもいない。平安、鎌倉とはまた別の意味で、そして、あの大戦争の時代の強いられたもしくは自覚的に選び取った死の切迫性とはまったく別の意味で、今日ほど、死が切迫してきた時代はないのです。個人が、ほとんど、ひとりで死と向きあわざるを得ない。にもかかわらず、「死」や「死後」を意味づける物語は、確かな形では存在しないのです。

こうした漠然たる不安がわれわれを取り巻いています。われわれの誰もが、やがて自分の身の上に襲いかかる「死」をうすうす感じている。そして、その場合に、「先祖の霊」や「死後の世界」や「輪廻転生」といった言葉が記憶のなかからよみがえってくる。それが何を意味するのかなどわかりません。ただこうした観念がわれわれの深層心理の内にいまだに保持されているのです。

「植物的死生観」と「生死連続観」

あらゆる時代において、あらゆる社会において、「死」をどのように受容するか、どのように解釈するかは、きわめて重要な問題です。それを「死生観」と呼ぶなら、共同体のあらゆる宗教がそれなりの死生観を持っている。そして、日本の場合、そのもっとも基底にある死生観を取り出せば、農耕社会的な生命観と霊魂による生死の連続性の観念といってよいでしょう。哲学者の伊藤益氏が『日本人の死——日本的死生観への視角——』（北樹出版）という書物のなかで、日本人の死の観念の特質として、「植物的死生観」と「生死連続観」をあげていますが、この説は私には納得できるものです。

神道に関わる日本の宗教的な原型が、農耕社会と深くかかわっていることはよく指摘されることです。人類学者の石田英一郎氏は、世界の宗教の原型をふたつのタイプに区別しました。

ひとつは「天に対する崇拝」から出発する宗教で、もうひとつは「大地に対する崇拝」から出発するものだという。前者は、中東の遊牧民たちのユダヤ・キリスト教的な強烈な一神教といってよい。

もうひとつの代表が、日本のようにひとつの土地に定着して大地の恵みを糧にする農耕社会の宗教なのです。前者は、「天」を「父」と表象して、摂理をもった強力な人格神という唯一の神を生み、これに対して後者は、生の恵みを生み出す豊穣な大地母神という母性的な観念を生む。

日本人の自然観が、農耕社会的な生成の観念、つまり次々と命を生み出し、やがて朽ちてゆくという一種の植物的な生命観を原型にしていることは容易に推測のつくことでしょう。そして、多産豊穣の大地母神的なものへの崇拝が強いこともまた十分に予測のつくことでしょう。すると、その延長上に、伊藤氏が述べるような「植物的死生観」が生成しても不思議ではありません。

確かに、人の人生は、芽が出て生育し、やがて花が咲くように青春を迎え、実がなる成年をへて、秋のモミジのような最後の美をとどめつつ、花も葉もいずれ散ってゆく、というような観念はいまでも健在でしょう。「花が散るごとく散らん」とはよくいわれることで、散りゆく桜花に人生の最後を重ねることは、西行の昔から、靖国で会おうといった特攻に至るまでずっとかわらずわれわれの死生観の底を流れている。

そして、花のように散った死を受け止めるものは自然です。植物は、発芽、生育、開花、そして実を結び、やがて枯れてゆく。しかし、それで終わりではないのです。それを受け止めるのは大地という自然であり、この自然は、雨を降らせ、土壌を肥やし、一度、枯れて死んだはずの植物に再び生命を吹き込み、また次の春ともなれば発芽をもたらすのです。自然は生命の源であり、大地は生命を宿している。ここには自然が生命をはぐくむリズムがある。

したがって、この自然のリズムに合わせて、すなわち、自然のもっている循環のメカニズムに即する限りで、万物は、発芽、生育、開花、結実、枯死、そして再生、という生命の循環を繰り返す。この自然の力を信じ、自然のリズムにあわせて生を営んだとき、いわば自然のはからいにより人間は生き生きとした生命力をもった存在たりうる。こういう自然観と結びあわされた循環的な死生観が日本にはあった、といってよいでしょう。

哲学者の磯部忠正氏は、『「無常」の構造――幽の世界』や『日本人の信仰心』（ともに講談社現代新書）において、この種の「自然の根源的な生命のリズム」を繰り返し強調しています。われわれのこころと身体には、自然と同調するようなある根源的なリズムがあって、それが乱れれば、精神的に病み、また身体が不調になったり、生命力が低下したりする、という種類のことを述べています。

もちろん、こんなことは、今日の医学や生理学で実証できるものではない。しかし、だからといって、何か「根源的な生命のリズム」としかいいようのないものが荒唐無稽だともいえません。いや、そんなことは、実はわれわれは日常的に経験しているのではないでしょうか。

自然と人の精神のリズム(働き)を同調させて、人間の生命的活動を生き生きとしたものにするある種の作用に対して、われわれはしばしば「気」というのです。「気合をいれろ」とか「気をしっかりもて」とか「気をつけろ」とか「気力」とか「生気」とかいうのです。そこに日本人の宗教的精神の土台があったといっても過言ではないのです。それが、大地(土地)への崇拝に傾く農耕社会型の死生観と深くかかわっていることは否定できないでしょう。

その場合に大事なことは、次のことです。

農耕を基礎とする「植物的死生観」では、あくまで一人の人間は、発芽し生育し開花し結実し枯れて死んでゆく。個体は死ぬ。しかし、その生命を受け継いだ次の生命が再生するのです。その意味で生命は受け継がれる。生命は連続している。個体の身体は消滅して土に戻る。しかし、その土(大地)の働きが再び、別の身体に生命を宿す。こうして生命は永遠に循環してゆく。こういうことになる。かくて生死は連続しているのです。正確には、一人の個体の生命は終焉する。しかし、それがまた別の個体の生命として再生する。断絶と連続なのです。いや、もっと正確にいえば、一人の人間が死ぬことによって、その生命が別の人間に受け継がれる。つまり、生命が受け継がれるには、個体は死ななければならない。この場合の「生死連続観」とはそういうことです。

実際、この農耕を基盤とした生死連続的観念は、古神道的な儀式のなかにいくらでも見て取ることができるでしょう。たとえば、神社や鎮守の森で、田の神に豊作祈願をして歌や踊りを奉納する儀式は、一種の鎮魂儀式といってよい。そこにまた、豊穣をもたらす力をもった「迦微（カミ）」の観念が生み出され、これらの農耕儀式はまた、カミの供応という意味ももってくるでしょう。それが天皇を軸にした国家共同体的な儀式にまでなったのが「大嘗祭」です。大嘗祭のような本格的なものではなく、こぢんまりとした農耕儀礼は今日でも地方の祭りのなかにいくらでも残っているでしょう。

鎮魂呪術と日本人

磯部氏によると、豊作祈願の踊りとは、衰弱しつつある生命に活力を取り戻し、また死んだ生命を蘇生する儀式なのであり、それは別の言い方をすれば「霊《たま》ふり＝魂《たま》ふり」の儀式ということになる。「霊ふり」とは、霊魂の宿った身体を揺さぶり、振ることによって霊魂に再び活力を与える。それはまさに鎮魂呪術にほかなりません。鎮魂とは、身体から遊離したり、遊離しそうな魂を招き寄せて、再び身体に定着させることなのです。しかも、昔は、農耕だけではなく、人が死んだときの葬送においても、「霊ふり」の儀式が行われた。「鎮魂」とは、もともとは、死んで活力を失い、肉体から遊離しかかっている魂を肉体に呼び戻し、再び生命力を与えるための歌舞儀式だったのです。そして、死者の魂を呼び戻すという「招魂《たまよばひ》」の過程のひとつが、一定期間、死体を箱に入れて、そのままで安置するという「殯《もがり》」（「あらき」ともいわれる）だった。

かくて、「日本の祭りは、本質的に鎮魂呪術であり、その中心になったのが歌舞や音楽をともなった魂振りだった」（『日本人の信仰心』）ということにもなるのです。それは農耕儀礼から葬礼の儀式にいたるまで基本的には同じなのです。なぜなら、それは農耕における植物も人も包摂した生命の再生と刷新であり、そのための死霊の招迎と鎮送だったからです。民俗学者の折口信夫が述べたように、こうした儀礼をもともと「遊び」といったのであり、その役割をつかさどる職業的儀礼者を「遊部《あそびべ》」といったのです。

すると、植物と同様に、人間もその身体は滅んで消えてなくなっても、生命は引き継がれている。死んでもまた再生する。この生命とはいいかえれば「霊魂」といってよい。とすれば、「霊ふり」の儀式や鎮魂の儀礼が、やがて「祖霊の招致」になっても不思議はありません。なぜなら、いくら人間の身体は滅んでも、幾時代にもわたってその生命が引き継がれてゆくなら、その生命つまり「霊魂」は、結局「祖霊」に行きつくからです。こうして、大地母神であった自然の「根源」は、また、「祖先」といいかえてもよいことになる。

「根源への回帰」は「祖先」への崇敬ということになるのです。「根源への回帰」は、時間的にいえば、無限の過去へと遡及して祖先へ行きつくのですが、祖先も大地のなかに埋葬されているとすれば、それはまた大地への回帰でもあるでしょう。

生命力の再生とは霊魂の清め

多くの場合、この大地は、たとえばロシアのあの雄大などこまでも広がる草原ではなく、日本の場合、たいていは山里と背後に控える山々だった。だから、たとえば柳田国男が述べたように、日本の信仰は、「神」と「祖先」が重なり合って、魂の帰還する場所としての山々への信仰でもあったのです。もちろん、それは、もともとは大地と自然が植物的な生命の循環を保っているからであり、この循環が保たれている限りで、それは「祖先への信仰」になるわけです。

そして、ここにひとつ興味深いことがでてきます。それはかなり残酷かつ深刻な事態です。

当然ながら、死者はいくら丁寧に棺に納められて清められても、数日もたてば腐乱してきます。現代のように、ドライアイスも防腐剤もあるわけではなし、毛沢東のように特別製の保存装置に入れられているわけでもなし、当然、見るも無残なおぞましい姿になるでしょう。霊魂を呼び戻そうという殯《もがり》の間に、死体は目を覆いたくなる様相を呈してくるでしょう。「もののあわれ」どころではありません。「あわれなモノ」になってゆきます。

かつて、天武天皇の殯は2年2カ月に及んだとされており、先の伊藤氏によると、普通の庶民でも10日ほどの殯があったようです。すると、どうしようもない腐乱状態になる。まさしく、その様相を『古事記』は、例の黄泉《よみ》の国までイザナミを追いかけて行ったイザナギの驚愕として、いかにもおぞましく描いているのです。死んでしまったイザナミを追いかけて黄泉の国まででかけたイザナギが禁を犯してそこで見たものは、言語を絶する腐敗したイザナミだったのです。

ここまでくれば、いくら殯の期間に魂が帰還することを期待しても、さすがに再生は不可能でしょう。したがって、死は、まことに不浄であり、穢らわしくも汚ないものとして忌み嫌うようになるでしょう。言い換えれば、死から再生へと向けるには、まずは、この穢れを取り払う、つまり、浄化するという清めの儀式が必要になった。肉体から魂を切り離し、魂の浄化、霊魂の浄化、ということです。先の「霊ふり」も、魂の浄化と見てよい。生命力の再生とは、霊魂の清めにほかなりません。かくて、日本の、とりわけ神道系の宗教では、清浄を中心的な価値におき、「清め」ということが儀礼の中心に置かれる。穢れを取り払うことこそがその重要な役割となるのです。

「幽世」と「顕世」という意識

ここに、日本人の死生観の古層があるといってよいでしょう。それは、農耕と深く結びついた日本人の自然観と一体といってよいでしょう。死によって肉体は滅ぶにしても、魂（霊魂）は肉体から抜け出して存在する。霊魂は善きものでもあり、また、悪しきものでもある。それは、生きた人間に対して善き作用も行えば、悪しき作用も行う。恨みをもって死んだ人の霊魂は怨霊となって再びこの世に戻ってくる。その怨霊を鎮める陰陽師や神官などがこうして出現するわけです。こうして「死者」が「生者」に働きかけ、生者を動かすことになる。いわば、「死後の世界」が「この世」の背後に張りついているようなものです。

そのことが日本人の宗教意識の根幹であることを徹底して主張したのが平田篤胤ですが、平田に従えば、人が死ねば、その霊魂は「あの世」である「幽世《かくりよ》（幽冥）」にゆく。それは、「この世」である「顕世《うつしよ》」と独立にあるのではなく、いわば張り合わせになっているものの、こちらからは見えない。しかし、「幽世（幽冥）」である「あの世」から、「顕世」である「この世」は見える、というのです。われわれには見えないけれど、「あの世」はわれわれとともにあるのです。

死者の霊魂はつねにわれわれに寄り添っているのです。いってみれば、われわれは、その一挙手一投足を「あの世」から監視されているようなものです。だからこそ、身を清め、こころを正直にし、神や死者を敬って生きなければならない、ということにもなるのでしょう。死者の魂によって、現世のわれわれの生は成り立っているのです。

今日、このような「顕幽」二元論的な死生観をわれわれは、もはや簡単には信じられません。しかし、先に述べたように、「あの世」を信じるものが40％以上もいる。「霊魂」や「先祖の霊」を信じるものがかなりいる、という事実は、この、日本人の死生観の原型が、いまだわれわれのこころの深層にしっかり根を下ろしている、ということを示しているでしょう。平田篤胤は近世の人ですから、平田の復古神道は別にしても、「霊ふり」や農耕儀礼による「自然の根源的リズムへの回帰」という原始神道的な宗教意識が、それこそわれわれの集団的な無意識のレベルに横たわっている、といってよいでしょう。それは、われわれの「死生にかかわる原型的な物語」なのです。

さて、ここで、ひとつの大きな疑問がわいてきます。では、まさに人間の「死」を論じたはずの仏教はどうなるのか、ということです。なぜなら、仏教は、きっぱりと「霊魂」を否定しているからです。しかも平安・鎌倉はまさに仏教の興隆した時代だったのです。

第八章　人間は死ねばどこへゆくのか――浄土と此土

宗教を信じなくても

日本人は信仰深いのか、それとも不信心なのか。いったいどちらなのでしょうか。日本全国には実に多くの神社仏閣があり、正月ともなればどっとお参りにくる。人が死ねばお坊さんがお経をあげる。外国人は、日本人は何と宗教的な国民なのだろう、と思うようです。ところが、実際には日本人は、ほとんど特段の宗教を信仰しているわけではないという。

イスラム教が支配する強力な宗教国家は当然としても、キリスト教の影響が強い欧米でも、自分と宗教とのかかわりがさっぱりわからない、という日本人のようなとぼけた人はめったにいないでしょう。無神論なら無神論、無宗教なら無宗教で、その自覚を強くもっているのが欧米人で、ともかくも、自己と宗教との関係性の自覚はあるのです。だから、彼らからすれば、「いったいあなたの宗教は何なの」と尋ねられて、「いや、別に、はて、いったいどうなっているのでしょうかね」などとうろたえている日本人に対しては、それこそ「あんたいったいどうなっているの」といいたくもなるのでしょう。

もちろん、これは、欧米と日本の歴史の相違であり、宗教観の違いによるところが大きいのです。ユダヤ・キリスト教のような強力な一神教が支配し、人間の存在意義も、基本的にこの絶対神によって規定されてきた社会では、信仰か対決か、という態度決定が不断に要請されてきたという事情はよくわかります。

これに対して、もともとアニミズム的な自然信仰があり、その発展としての神道的儀礼があり、仏教諸派があり、それらが神仏習合した日本では、特段の宗教的意識を自覚する必要はなかった。習俗として生活に根づくと同時に、特段の意識化作用も生じなかった。深い信仰も要請されなければ、厳しい対決も要請されなかったのです。したがって、そもそも、欧米の一神教のような絶対神を基準にして、日本人は宗教的か否かと問われても、われわれとしては答えようもない。「宗教」という言葉で理解しているものが違っているのです。

宗教つまり「レリジョン」とは、もともと「人々を強く結びつける」という意味です。人々を強く結びつけるには、この世の世俗的な利益や争いを超えた何か、つまり超越的な次元を持ち出す必要がある。そしてそれを正当なるものとするには、そこに人々が納得できる「物語」が必要となるでしょう。その意味では、欧米も日本も同じです。

この「物語」は、世俗世界を超えた超越世界の次元にある。しかも、それはこの世俗世界に深くかかわっている。そのかかわり方を述べるのが「物語としての宗教」ということでしょう。言い換えれば、われわれの意識はこの世俗世界（現世）だけでは完結しないのです。

死ねばどこへゆくのか

たとえば、われわれはいったいどこからやってきたのか、そして死ねばどこへゆくのか、こういうことが気になる。それは現世を超えた問いであり、この世に縛られたわれわれには答えようのない問いです。また、われわれは、この世俗世界で、とんでもない理不尽な苦しみを受けることもある。いったい自分はどうしてこういう目にあうのか、と思う。

こういう世俗世界において身の置き所がないとき、われわれは世俗を超えたもうひとつ別の世界を構想するほかありません。超越的な世界を構想することで、世俗の不幸から解放される。世俗世界の苦や理不尽を、われわれの意思や思惑をはるかに超えた次元によってかろうじて納得させようとする。それを、キリスト教のように「神のはからい」といおうが、仏教のように「三世《さんぜ》の因縁」といおうが、いずれにせよ、この「不可思議」を信じるところに宗教の意味があるのでしょう。

ですから、多くの宗教において、世俗世界は「苦」に満ちたもので、「苦」からの救済を超越世界や絶対的なものに求める、ということになります。キリスト教も仏教も同じことです。

そして、この「救済」は多くの場合、死後にやってきます。天国といい浄土といい、救済、もしくは苦からの解放は「あの世」で実現する。したがってまた、宗教とは、一面では「あの世」についての「物語」であり、信仰とは、「あの世」についての「物語」を信じる、ということなのです。

さて、宗教をこのように理解すれば、仏教が宗教かどうかは、実はかなり微妙になってくるのではないでしょうか。なぜなら、もともとのゴータマ・ブッダの始めた初期仏教では、「あの世での救済」などというものは説かれていませんし、初期仏教は、修行者（僧）たちが修行集団（サンガ）を作り、苦から解放されることを目指すものだったからです。ブッダも、人が死ねばどうなるかなど答えられない「無記」としました。

しかし、ブッダの死後、部派仏教と呼ばれる諸派の分裂のなかから大乗仏教がでてき、さらにそれが中国へと伝達され、仏教は衆生の救済宗教へと大きく変形されていったのです。死後の救済をもっとも強力に唱えた浄土教は、とりわけ日本では一大勢力になったことはいうまでもありません。

日本人の持つ自然観、生命観はもともと、肉体は消滅しても、何か「魂」「霊魂」というものが永遠に続き、目には見えないものの、われわれのすぐそばにいるというものです。これは神道系の考えでしょう。しかし、もうひとつ、根深くあるのは、「あの世」とは浄土である。「この世」で善行を積めば死後、浄土へ行ける、というものです。

浄土とは、覚りを開いたブッダ（仏）が住む仏国土であって、浄土にも様々あるのですが、何といってももっとも有名なものは阿弥陀如来が住する西方の極楽浄土でしょう。ただただ「南無阿弥陀仏（阿弥陀仏へ帰依する）」を唱える称名念仏によって極楽浄土への往生をとげるという浄土教は法然によっていっきに広まった。

上座部（小乗）仏教のように、厳しい修行をつみ、戒律を厳格に守り、ようやく往生できる、という聖道門《しょうどうもん》ではなく、日々の生活に追われ、修行などやっている暇もない大衆・庶民は、ただただ念仏を唱えるだけで死後往生できるというのが法然の説いた易行《いぎょう》道《どう》で、平安末期から鎌倉の「末法」の時代に人々に救済の希望を与えたのはよくわかります。

すべては有為無常

しかし、こういったときに、いくつか気になることがあります。

まず、もともとの仏教は、現世での生（現生《げんしょう》）は苦である、といい、苦の原因は、貪《とん》・瞋《じん》・痴《ち》を始めとする世俗の欲にある、という。欲に取りつかれるということは、自分が大事だからで、ここに我執が起きる。あるものがほしい、しかし手にはいらない、他人がうらやましい、そのうちそうした他人を嫉妬し憎悪する。これはすべて自我への固執にほかなりません。そこで苦を滅するにはどうするか。我執を消すほかない。それはどうすればよいのか。確かな実体としての自我など存在しない、と知ることこそが大事だ。この智慧こそが苦を滅することになる、というのです。

確かにそうかもしれません。私や自我などといっても、その日の気分によって変化します。天気がよければ気分もよく、雨が降れば憂鬱になる。若いときと成年、老年では考えも感覚も変わる。本当に欲しいものを手にいれた途端に関心がなくなってしまう。これが現実というものでしょう。すると「私（自我）」などという確かなものはどこにもない、と知るほかありません。だから、自我の本質は「無」であるというわけです。無自性《むじしょう》です。しかも、「私」などといっているものは、実は、この身体（色）と、感覚（受）、想像や妄想（想）、意欲（行）、こころの作用（識）の集まり（五蘊《ごうん》）に過ぎないのではないか。それをあたかも確かな実体であるかのように勘違いするから苦が生じるのだ。『般若心経』にいう「五蘊皆空《ごうんかいくう》」こそが真実だというわけです。

「私」が無であると同様に、さらに、われわれが欲望の対象としているこの世界の様々な存在も、実は「無」である。つまり不変の実体ではない。どんなに美しい花も散り、美しい人も色あせ、うまい食べ物も腐り、壮大な宮殿も朽ちてゆくではないか。すべては生々流転、生滅遷流《しょうめつせんる》したえず変化してゆく。一切万物はことごとく変移し、常住のものは何もない。有為無常です。こうして「私」だけではなく、この世そのものが、その本質は「無＝固定された実体はない」である。それをあたかも実体であるかのように勘違いしてはならない、というわけです。

それではどうするか。ブッダが最初に説いたのは、四《し》諦《たい》八正道《はっしょうどう》でした。まず生の本質である苦を直視し、苦が迷いであることを直視する（苦諦《くたい》）。次にその原因つまり煩悩を知る（集諦《じったい》）。そして煩悩を滅する（滅諦《めったい》）。最後に、そのために、八正道という八つの正しい生活（修行）をする（道諦《どうたい》）。こうして、すべては無であり空である、という正しい覚りをひらけば、苦は滅して静寂の境地である涅槃（平穏にみちた境地）に入ることができる、というのです。大乗仏教でも、この「無上正等覚《むじょうしょうとうがく》」つまり正しい覚りをえるのが最高の智慧だとします。逆に言えば、自我もこの世界もすべて無もしくは空である、という真実を知らないし、それを知ろうともしない、この根本的な「無明《むみょう》」にこそ最大の問題があるのです。この無明を抱えている限り、人は決して現世の苦から逃れることはできない、というわけです。

しかし、そうだとすると、それでいったい何が困るのか。それは、この我執や欲望に取りつかれ、苦から逃れられない限り、人は輪廻転生を繰り返し、苦しみはいつまでも続く、からです。死んでもまだ別の世で苦しみは続く、という。それを断ち切るには「正等覚」という覚りの境地に入るほかない。浄土教の専修念仏もそのための手段であったわけです。

浄土教は何を説いたか

さてそこで、私には次のようなことが疑問になってしまいます。

もともとの仏教では、「死後の世界」も輪廻転生も考えられていなかったのではないか、ということです。なぜなら、死後、われわれが、何かに生まれ変わるとすれば、その生まれ変わるものとはいったい何なのか、ということになるからです。因と縁の偶然の和合によって、ただこの身体やこの感覚や精神（五蘊）が集まって「私」ができたに過ぎないとすれば、そんなものは死ねばすべてなくなるでしょう。自我とは無であり空であるとすれば、魂も精神も無です。霊魂という実体はありません。もちろん、「死後の世界」という確かなものもありません。極楽浄土という実体もどこにもないでしょう。極楽浄土を仏の真実の国土として実体化してしまうと、それはそもそもの仏教の最上の真実に反するのではないでしょうか。

では浄土教とはいったい何を説いたのでしょうか。大乗仏教では、人間の存在の在り方についての（無や空についての）根本的な無知、つまり「無明」から始まって、それが十二の因縁を通して、胎児から出生、そして生・老・死へいたり、死後の輪廻を引き起こすとされる（十二縁起説）。「無明」がすべての始まりなのです。しかし、仮の姿であっても、「私」がまた死後の生（中有）へ引き継がれるとすれば、そこに何か実体が想定されてしまうのではないでしょうか。しかし、それこそ初期仏教が否定しようとしたものではなかったのでしょうか。

こういう疑問が私には以前からありました。素人とはいえ、そこをどう考えればよいのか。で、改めて親鸞など、いくつかの仏教関連書なども読んでみたりして、なるほどと思うことがあった。これは、日本人の死生観という点でも重要な点ではないか、と思うのです。

考えてみれば、極楽浄土とは何とも中途半端な世界です。われわれは、念仏をちゃんと唱えれば、死後、この世界へゆくことになる。そして、浄土で改めて修行をつめば今度は本当に解脱して涅槃へゆく。こうして輪廻転生を脱する、という。二段構えになっており、浄土とは覚りにいたる中間段階です。どうして中間段階が必要かといえば、それは、この穢土に生きて罪を負った衆生は、決して容易に解脱にいたることはないからです。だから、死後、まずは暫定的に浄土へいって、研修を受けるようなものです。

確かに、いくら念仏を唱えても、人間が清浄無垢《むく》な存在になるとは思えません。それはそうでしょう。

人は誰でも、生きるために動物を殺して食し、社会がある限り他人を傷つけるほかない。いくら「五蘊皆空」といっても、自我への執着を完全に離れることなどとてもできないでしょう。それどころか、自我もこの世も「無」であれば、何でも好きなことをすればいいじゃないか、ということにもなりかねません。人間の弱さといえば弱さなのですが、もともと人間はその程度には弱いものでしょう。これは人間のもっている宿命のようなものです。おまけに罪をなさしめるものが、前世も含めた因縁だとすれば、人は、自ら意識せずとも罪悪を犯すものなのです。

『歎異抄《たんにしょう》』のなかの有名な話をここで思い起こすことができるでしょう。ある時、親鸞は唯円に向かって、「もしも、お前が、私を信じているのであれば、私のいうことを聞けるだろう。では、お前はこれから千人の人を殺してこい」という。さすがに唯円は「それはできない」という。すると親鸞はいう。「そうだ、お前には、人を殺すという因縁がない。だからできない。もしも、そういう因縁をもったものであれば、いやだと思っても人を殺すものだ」と。

もちろん、現代のわれわれはすべてを「因縁」で片付けるわけにはいきません。暴行事件を起こした横綱も、動機はと聞かれて「因縁です」などとのたまうわけにはいきません。しかし、ここでいいたいことは、人間は、時には、自分の意思や利益や意図とはまったくあずかりしらない何かによって動かされる時がある、ということです。自己責任の主体などということではどうにもならないこともあります。罪を犯す時には、本人の素因があり（これは近年の生理学では遺伝子や脳現象に還元されるでしょう）、環境があり、仲間があり、そして直接のきっかけがでてくる。それを「因」（素因）と「縁」（直接のきっかけ）というのです。

とすると、誰でも、どんなに精進していても罪を犯す可能性はある。西行のように、解脱したくて出家するのは本人の勝手でしょうが、そのおかげで、子供は縁側から蹴飛《けと》ばされ、妻子はたいへんにつらい思いをした。こうなると、精進して修行することさえ、身内を傷つけることになる。

こうして、人間存在そのもの、つまり、人間の生そのものに悪や罪が不可避についてまわり、それを取り去るなどということは不可能だとすれば、自力で覚るなどはなから無理でしょう。どこまでも罪を背負った人間が、自ら穢れを落として清浄心になり、正覚をえるなどということは不可能です。

親鸞の「絶対他力」と「極楽往生」

そこに、親鸞の「絶対他力」がでてきます。これは本当に絶対なのです。自力に期待する余地はどこにもない。そこに法然との違いもあって、法然は、毎日数万回の念仏を唱えていた。このとき、法然はともかく自己の悪行を自覚し、念仏三昧によって極楽往生できる、という。これではどこか自力が紛れ込んでいる。

では、親鸞の絶対他力とは何でしょうか。それはただただまことに弥陀の本願を信じて帰依する、ということではないのです。これでは、弥陀に帰依するという、いってみれば主体的な選択と決意の結果として往生できる、という話になってしまうからです。穢土に生き煩悩にまみれたものが、自ら至誠心《しじょうしん》をもつこと自体が難しい。そこにはまだ自らのはからいが残っているのです。

そこで、親鸞は、まことの心（至誠心）をおこして、本当の信心（深心《じんしん》）を、弥陀に差し向ける（廻向発願《えこうほつがん》）ようになすものは、この「私」ではなく、実は弥陀そのものだ、という。自分ではどうにもならない。だからこそ弥陀の本願があり、弥陀は、すべての衆生を（どんな悪党でも）救うと誓った、そのことをただ信じるだけだ、というのです。弥陀の大慈悲を信じるのです。そしてこの信心を起こさせるものもまた弥陀のはからいである。そこにすべてをゆだねるのが絶対他力というものなのでしょう。だから、法然の浄土教が「念仏為本」（もっぱら念仏あるのみ）であるのに対して、親鸞の浄土教は「信心為本」（ただただ信じるのみ）といわれるゆえんです。

親鸞も念仏を否定するわけではありません。しかし、念仏を行うのは行者自身の意思ではなく、あくまで弥陀のはからいだという。弥陀によって、念仏を唱えるようにしていただいている、ということで、あくまで重要な点は、弥陀のはからいを信じることなのです。

ところが、こうなるとたいへん興味深いことがでてくるのではないでしょうか。親鸞は、自己をすべて捨て去り、ただただ弥陀の大悲心を信じる、という。まことの信心をもたらしてくれる弥陀のはからいを徹底して信じろという。自らのはからいをすべて放棄するのです。

とはいえ、穢土であるこの現世における悪や罪が消えるわけではなく、意思があれば清浄心が立ち上ってくるわけでもない。欲や悪にまみれた現世の生はそのままそこにある。そのうえで弥陀の本願を信じるのです。すると、弥陀は、悪を引きずったままで、あるいは悪にまみれているがゆえに、衆生を浄土（もしくは、浄土の隅のほう）へと往生させる、という。

とすると、この場合の「極楽往生」とは何でしょうか。それは決して死後の世界のことではありません。自己を捨て去り、自力のはからいをすべて放下《ほうげ》し、自我を無にしたときに、浄土への往生が決定《けつじょう》し、それはそのまま浄土から涅槃への解脱を意味している、ということになるでしょう。それは死後の話ではありません。弥陀への信は、「いま・ここ」で生じるのです。それは現世での往生決定なのです。これもしばしば、法然が死とともに往生するという「臨終往生」を説いたのに対して、親鸞が説いたのは、この現世において自己を放下したときに往生するという。こうして、親鸞には、弥陀の救済とは、死後ではなく、この現世においておきるという考えがあるのでしょう。衆生は、現世の穢土にあって、そのまま往生が確定する人々である「現生正定聚《げんしょうしょうじょうじゅ》」になっているのです（たとえば、竹村牧男『親鸞と一遍』参照）。

こう考えれば、死は文字通りの解脱です。往生即成仏です。死後、どこか「あの世」

らしき場所にいくのでもなく、もちろん輪廻転生するわけでもない。

私は、それを「無に帰入する」とでもいいたくなります。初期仏教に即していえば、入滅は真の涅槃に入ることであり、それは「無記」、すなわち「語りえないもの」でした。私は、それを「絶対無」とでも呼んでおきたいのです（ただ、『歎異抄』には、親鸞の言葉として、死後の生まれ変わりや輪廻転生について書かれており、来世もあるので、ここに述べたことは、親鸞思想の解釈というより、親鸞をヒントにした死生観といった方がよいでしょう）。

「死」は絶対的な救済である

いずれにせよ、自我のはからいや自力への期待をすべて放下し、まことの信心そのものになったとき、現世はそのまま浄土になる、という。救いは死後の来世にあるのではなく、まさに、「いま・ここ」の現実のなかにあるのです。汚れ苦しみに満ちた現世における悪や罪はそのままであって、しかし、だからこそ「いま・ここ」で救済されるというのです。

とすれば、もはや「死」について煩わされる理由はどこにもありません。「死」は解脱であり、間違いなく絶対的な救済なのです。仏教の出発点が、現世における苦から逃れる点にあったことを改めて思い出してみてください。すると、自己や自我のはからいをすべて放棄したものこそが、いっさいの苦を逃れ、もはや死を恐れることもない、ということになる。そして、涅槃に入るとは、別の言い方をすれば、死は絶対的な救済だということになる。「絶対無」は絶対的な救済なのです。

こうして、死はもはや論じるにたらない。死が苦痛であり恐怖であるのは、いまだに自我に固執しているからだ。阿弥陀仏という絶対的な救済への徹底した信によって自我を捨て去れば、もはや死は恐怖などではなくなる、というのです。しかし、本当にそうなのでしょうか。

と、ここまで述べれば、これまた『歎異抄』に書かれた次の部分が気になります。これもよく知られた箇所なのですが、あるとき、唯円は親鸞に向かって尋ねます。「私はどんなに念仏を唱えても、踊躍歓喜《ゆやくかんぎ》して極楽浄土に一刻もはやく行きたい、という気持ちがいっこうに起きません。これはいったいどうしたことでしょう」。すると親鸞は答える。「実はワシもそうなのだ。だが、考えてみれば、それこそが煩悩ではないか。死ぬのはいやだ、少し病気にでもなれば、死ぬのが怖くなる。この現世に恋々として、楽しいはずの極楽浄土へ行こうという気にならない。しかし、この煩悩から逃れられないからこそ、仏はわれわれ凡夫を救ってくれるのではないか」。こう答えるのです。

確かに、ここには浄土教が抱えるひとつの根本的な矛盾があるのでしょう。もしも生が苦であり、死が極楽浄土への往生であれば、さっさと死ねばよい、ということにもなる。どうして親鸞は90歳まで長生きしたのか、などといいたくもなる。そこまでいわずとも、死は慶賀すべきことになります。だが、どんなに極楽浄土を思い浮かべても、死は怖い、死にたくない、というこの感情は決して消し去ることのできるものではありません。

しかし、親鸞はそれでよい、という。そんなものだ、という。われわれは、最後までこの世に名残惜しい心を残しながら、徐々に力が尽きて死んでゆくものだ、という。だからこそ、阿弥陀仏の大悲大願に委ねるほかないのだ、というのです。

私には、仏教が、もともと死後の生や「あの世」などという観念を強くもっていたとは思えないのです。日本の伝統的な霊魂観やたましいや祖霊とは対立する思想であり、そこにこそむしろ、仏教の革新性があったということです。

浄土とは何なのか

では、浄土とは何なのか。どうして浄土を説いたのか。鈴木大拙は次のようなことをいっています（『浄土系思想論』）。

浄土を作ったのは阿弥陀如来である。弥陀の本願による。それは、生死の苦（輪廻）から衆生を救おうという大慈悲のこころによる。人が生死の苦という深海に没溺するのは、三世の業（因縁）による。とすれば、苦を滅することは業の否定であり、業を否定するには死ぬほかかない。死のみが救済である。

しかし、では弥陀は、われわれに死をすすめているのか。死のなかに投げ込むのが弥陀の願いなのか。そんなことはないだろう。とすれば、われわれの現生はそのままで、つまり、業（因縁）はそのままにして生死を離れることをいっているのではないか。生死は生死のままにしておいて、生死の業を否定するところに弥陀の本願があるのではないか。

それは、むしろ、業の中で現世で生の苦を背負いつつ、安住の地をえることであり、その安住のところが智慧の光明である。浄土とはすべてを照らす智慧の光明である、それは現世を離れてあるのではない。目には見えないところで、現世を包みこみ、貫き通すものである、という。

　ということは、浄土とは、この世を辞してからゆくところではない。空間的にも、はるかかなた西方十万億土をへだててあるものでもない。浄土とは、いわばこの世と張り合わせになったものなのです。それは相互に相手を否定しあいながら、同時に相即するようなものなのです。浄土（あの世）の面が此土《しど》（この世）に映り、また、此土（この世）の面が浄土（あの世）に映っている、と大拙は述べる。

　浄土とは、すべてが満ち足り、無限の光をはなって、一切の陰りがなく、無限の寿命をもった仏の世界、つまり「すべて」であり「完全」であり、「絶対」の世界なのです。その「絶対」があってはじめて、現世の不完全、罪深さ、理不尽がわかる。

　浄土は、人間という存在の罪や苦を映し出し、この現世という相対世界の空無を指ししめす鏡のようになっている。したがって、両者は、対立し、否定しあっているが、此土なくして浄土なく、浄土なくして此土はない。それを、大拙は、相互矛盾的な自己同一、という。

　こうして、この世とあの世は、それぞれでありながら、対立しつつ相即しているので、浄土教徒は、たえず、浄土へ行って（往相）、また戻ってくる（還相《げんそう》）。廻向は、こちらから差し出すとともに向こうからやってくるのです。こうして、「あの世」があるから「この世」があり、「この世」があるから「あの世」がある。両者は、相互に映しあう、ということになるのでしょう。これまた、独特の日本的な死生観というほかありません。

第九章　「死の哲学」と「無の思想」――西部邁の自死について

西部邁さんの人生観

２０１８年１月21日に、評論家の西部《にしべ》邁《すすむ》さんが逝去されました。覚悟の上の自死でした。私は大学院生のころから40年以上も西部さんとは親しくさせてもらいましたが、かなり以前から、自分の人生の終末を考えておられました。年老いて病院のベッドに括り付けられて延命治療を受けるのはいやだ、また介護施設に入ってオムツをあてられるのもいやだ、とおっしゃっていた。それがいやなら、自宅で死を迎えることになるのですが、多大な負担を家族にかけるのは避けたい。となれば、残された手立てはただひとつだけ。「自死しかない」ということです。

これが西部さんの自死の実際的な理由でしょう。しかし、この実際上の決断の背後には、もう少し抽象的な西部流の人生観がありました。それは次のようなものです。

ひとつは、生きるとは、ただ心臓が動いているという生物的な生を意味するのではなく、活力をもって活動することである、というもの。

もうひとつは、自分の人生に対して最後まで自分が責任をもちたい、というものでした。いわば「活動的生」と「自己責任」という二本柱です。これは西部さんの人生哲学であり、この哲学からすれば、人生の最後の瞬間まで、明瞭な自己意識でもって意図的な死を迎えるということになるでしょう。

西部さんにとっては、生きるとは、評論活動から酒場での会話にいたるまで、そして場合によっては家族や親族との接触にいたるまで、明晰な自意識をもって社会的な活動を遂行することでした。それは、常に真剣な言葉のやり取りであり、言葉によって「よきもの」を目指すという意図的な活動だったのです。これが彼にとっての「生」なのです。そして、「死」とは、この「よきもの」へ向けた活動がほとんど限界にいたるわずか手前で遂行される、最大限の主体的な「活動」にほかなりません。

西部さんの人生哲学は私にも十二分に理解できるもので、その哲学には共感もします。しかし、それを実際に実践するのは容易なことではない。家族や知人、おかれた状況、やり残した仕事もあるでしょう。それに、この種の「死」は、肉体がボロボロになり、気力が衰えてからでは不可能でしょう。つまり、限界がやってくる前に前倒しで実行しなければなりません。覚悟の自死はたいへんな気力と集中力と意志力がいる。しかし逆説的なことに、それだけの活力があれば、まだ死ねないものなのです。そうこうしているうちに、病気になり、病院に担ぎ込まれる。そして、病気で苦しいときには、人は何としても生きたいと思うものです。こうなってはもう、自分で自分の人生の幕を引くことはできなくなってしまう。そうなる前に死を決行する、これは、よほど強烈な意志の持ち主でなければできません。

「無」についての「論争」

ところで、その西部さんと、最後の三年ほど、しばしば「論争」をしました。それは「無」についてです。お会いする機会は必ずしも多くはなかったのですが、会えばたいていこの話になるのです。私が西田哲学や仏教の「無」や「空」の思想に関心をもっていたからかもしれません。

だいたいこんな風に始まるのです。「君のいっている『無』とは何なのかね。僕にはよくわからんのだよ」。そして、こう続くのです。「考えてみてくれ。そもそも『無』というのも言葉じゃないか。だから、言葉が先にあるんだよ。『無』というのは、言葉が生み出した観念であって、根本にあるのは、『無』ではなく、言葉の構造ではないのかね。そうだとすると、問題は、人間の言語的な活動であって、そこから出発するほかないだろう。だから、われわれがやるべきことは、言語的活動の解釈であって『無』ではないと、俺は思うんだよ」。

おおよそこういう話から始まるのです。私には、西部さんのおっしゃっていることはよくわかります。その通りだとも思う。そして西部さんは、一貫してこの「哲学」に忠実でした。しかし、私が問題にしたいことは少し違っていて、そこに微妙な、だが、かなり根本的なズレがあるような気がしていました。

西部さんのおっしゃりたいことは、私なりにまとめればこんなことだと思います。「無」というようなものが根底にあるのかどうかはわからないが、そんなことを問題にしても仕方がない。われわれにできるのは、死ではなく、生の側のことだけだ。われわれは、常に生の内側にあって、生を問うほかない。

その意味では、すべて「存在」から始めるほかない。「無」ではなく「有」から始めるほかない。とすれば、生を組み立てている活動、実践、それについての解釈や了解だけを問題にすることができる。そのもっとも重要な手掛かりは言語以外にはないであろう。だから、生の活動の基本は、まずは言葉によって他者と会話を交わすことであり、いいかえれば社交ということになる。社交の実践（評論活動なども含まれるでしょう）の仕方だけが決定的に重要なことである。

おおよそこういうことだと思います。きわめて明瞭で、実にもっともです。

「死んだら何もない」

西部さんは、しばしば、「死んだらおしまいだよ。後には何もないんだ」とおっしゃっていました。むろん、死後世界や来世や霊魂などというものはいっさい認められませんでした。だから、そんなものについて話してもしょうがない、ということです。このような死生観があるからこそ、充実した生の極限で自ら死へと飛躍されたわけです。つまり、何もない「無」へと自らを放下されたわけです。

この死生観は私にもよくわかる。私もほとんど同じ気持ちなのです。より正確に、少し穏当にいえば、死後世界に関してはいっさいわからない、ということです。それは、死後世界を「無記」として語らなかった釈尊の立場でもあった。

にもかかわらず、どうしても私には気になることがある。それは、「死んだらおしまいだ、後には何もない」といった時に、「何もない」つまり「無」ということをわれわれは想定してしまっているのです。「それも言葉ではないか」というのはその通りなのですが、しかし「無」という言葉によって、われわれは、本当は言葉にならない何かを表現しようとしている。ここにはどうしようもない矛盾があって、われわれは言葉にならないものを表象するためにもまた（仮の）言葉を使うほかない。

とするとどうなるのか。「死んだら何もない。あるいは死後は知りようがない。だから生がすべてだ」といった時に、われわれはすでに「無」の観念を、こちら側の生（つまり有）の世界へ持ち込んでいることになるでしょう。死後世界など本当はわかりませんから、「何もない」ということさえ言えないのであって、「何もない」にしても「言いようがない」にしても、実はこの時に、すでに「ない」＝「無」という表象が持ち込まれている。生や存在を語るときに、すでに「無」を前提にしてしまっているのです。そして、生の裏側に、この「無」を張り合わせるからこそ、「有」であるこの世の「生」の活動が生き生きとしたものになるのではないでしょうか。

死後があるかないかは、確かに本当のところわかりません。それはまさしく「無記」なのです。しかし、それもやはり「無・記」なのです。わから「ない」のです。それは「ある」に対する相対的な「ない」ではなく、もっと根本的に知りえないという壮大な無であり、絶対的な無というほかありません。

私は宇宙物理学のことは詳しくはありませんが、常に気になってしまうのは、宇宙の始まりはビッグバンだったとして、ではその前はどうなっていたか、ということです。誰もが不思議に思う素人の疑問でしょう。

しかし、物理学からすれば、この問いは意味をもたないでしょう。なぜなら、すべてがビッグバンから始まったからです。すべてが、ということは時間もここから始まったのです。だから、ビッグバンの以前に（時間的にさかのぼれば）何があったのか、という問いは意味がないのです。ビッグバン以前を問うということは意味をもたない。意味が「ない」のです。それでも、われわれは、一体、その前はどうなっていたのか、と問いたくなる。とすれば、それはもう、時間も意味も問いようのない「絶対的な無」とでもいうほかないのではないでしょうか。

「絶対的な無」とは何か

いまここで、私が述べている死後の「無」は、もう少し認識論的で、宇宙物理学とは直接関係しないかもしれませんが、死後について論じえない、ということは、それこそ「絶対的な無」だといいたくなるのです。

そして、実は、この「絶対的な無」としかいいようのないものが、こちら側のこの世のただなかに、何か透かされた薄紙のように浮かびあがってきてしまう。このことは重要なことで、それが「絶対的な無」などといういい方で言語化されて、実は、背後でわれわれの生を支えているのではないでしょうか。「死んだ後のことなどどうせわからないのだから、生きていることだけがすべてだ」などといういい方からもう少し情緒的になって、「死んでしまえば終わりだから、この世の一期一会の出会いこそ大事にしよう」などともいう。通俗仏教風に「この世で君と出会ったのは魔訶不可思議な縁だね」などと下心を丸出しにしていったりもする。

この時に、生（有）の背後に死（無）が張り付いているのです。そして、こうして、物事の「有性」よりも「無性」の方をより本質的だと見たのが伝統的な日本的精神だったといってよいでしょう。「どうせ死んでしまえば終わりだから」というのは、「死」を軽く見ているのではありません。そうではなく、「死」つまり「無」の方が本質的な在り方だといっているのです。だからこそ、たまさかの、ほんの一時の生や出会いを意味あるものにしよう、というのです。

おそらくここに、西洋思想と日本的精神との間の大きな断層を私は見たくなります。創造主としての神であれ、アリストテレスのいうような個物であれ、ともかく、「存在」から出発し、その意味を尋ね、さらには、その「存在」を分類したり、そこに法則性を見つけたり、ついには存在を増殖させたり、人間の理性と意思によって作り変えたりしたのが西洋思想であり文化であり社会だった。

それに対して、よかれあしかれ、日本人は「無」の方をより本質だとみた。何かがそこに「有る」ことは決して自明なのではなく、むしろ、様々な要素の偶然の帰結としてそこに現れている、という感覚がわれわれにはあります。永遠に属するのは「存在（有）」ではなく「無」の方なのです。すべての存在物は、「無」からでてやがては「無」へと戻ってゆく。時間は「無始・無終」であるといってもやはり「無」です。ものは、そこにあって個物として確固たる質量と形をもっているのではなく、常にゆらめき、無へ向かって運動しており、無にさらされて脆くもはかないものだ、という認識が強くでてくる。

したがって、万物は生々流転し、決して一所に留まることなく、確固たる姿形をとどめない。生み出されたものは、やがて時間とともに姿を変え、朽ちてゆく。生命あるものは、いずれその生命を枯渇させる。いわゆる無常観やはかなさに日本人が強く惹きつけられたのは、「有」ではなく「無」にこそ本質をみたからでした。いうまでもなく『方丈記』のあの有名な冒頭ほど、日本人の感受性のありかを示しているものはないでしょう。

「ゆく河のながれは絶えずして、しかも、もとの水にあらず。よどみに浮かぶうたかたは、かつ消え、かつむすびて、久しくとどまりたるためしなし。世の中にある人とすみかと、またかくのごとし」

ここでは、自然もそしてこの世の中も、「ゆく河のながれ」にたとえられ、すべてが、とどまりたるもの（実体）ではなく、生々流転する。人の生とは、いずれともなく姿を現わし、ゆくえも知れず消えてゆくうたかたのごときものだ、という。これほど、日本人の心理の底にある人生観、世界観を示した言葉はそうはないでしょう。

そして、その結果として、西洋思想が、博物学や分類学や理論科学やその延長上に実証主義を生み出し、それが産業革命や近代文明を作りだしたのに対して、われわれ日本人は、理性や科学的思考よりも情緒的で美的な感受性に傾き、しかもその情緒や美的感性は、多くの場合、存在が無へと向かうそのはかなさの感覚において捕捉されるという、かなり独自の美意識を生み出したのでした。

「現世は、空しい」

おそらくは日本における大乗仏教の受容も、このような日本人のもつ感受性と無縁とは思えません。今日でも多くの日本人が『般若心経』を愛好し、お寺に写経に訪れる人が結構いる、という事実もそれと無関係ではないでしょう。

例の有名な「色即是空、空即是色」など、われわれには、さしたる説明もなく、直観的にわかる気がするのではないでしょうか。ここで「空」と「無」の違いという少しやっかいな問題は別にしておきましょう。その上でいえば、すべての存在は、決して常態として永遠にそこにあるのではない。たえず変化し（それが「無」の第一義的な意味です）、やがて消えてゆく。つまり、あらゆる存在は無であり、その本性は空と見なければならない。

しかし、ひとたびそう考えれば、むしろ、無や空の上に、現にこうして見事な花が咲き、木々が茂り、私のこの生が現成《げんじょう》していることとなる。するとこの現実世界はもっと驚きに満ち、生き生きと深く感じられるのではないか、ということです。空だからこそ、生き生きとした存在がそのままでわれわれにたちあらわれてくるのです。

もちろん、この「色」つまり存在物には、私自身も含まれます。ということは、私という存在も無であり、空と考えなければなりません。確かに確固たる自我などどこにもない。自我の意識など一度は捨ててみよう、ということになる。自我に囚《とら》われるから、他人を嫉妬したり、嫌な他人を誇ったり、貪欲にモノに執着したりする。だから苦しくなるのではないか。つまり人生の苦の根本原因は自我への執着であり、それが外に転じて外界のモノや他者への執着になる。それを一度は捨てよう。すると、無我のなかから、何ものにも囚われない、もっと融通無碍《ゆうずうむげ》で、外界や世界を素直に受け止める「自己」がたちあらわれる、というのです。鈴木大拙が好んだ言い方を借りれば、「私は、私でなくして、私である」。つまり、自我を一度は否定して、はじめて本当の自己がでてくる、ということです。

そうはいってもそれも難しいことで、容易にはできません。

鴨長明は、万事、世の常ならぬことを看取して自我を離れ、執着を取り去ろうとしましたが、そうは簡単にいきません。『方丈記』の最後は次のように終わるのです。私は仏道を修しようと山林にこもったが、結局、姿は聖でもこころは濁り切っている。もしかしたら、妄信のはてに狂ってしまったのかもしれない。ただただ、阿弥陀仏と二、三回唱えるだけだ……。

『般若心経』には、「色即是空、空即是色」とほぼ同様の言葉が次々とでてきます。「色不異空、空不異色」もほぼ同じ意味です。また「無受想行識」つまり「人間の感覚も表象も意思も知識もすべて実体がなく無である」ともいう。

苦からの解放のために

ただし、もともと『般若心経』の空の思想は、情緒的で感覚的というより、一種の形而上学とでもいった方がよいものでした。仏教の基本的な考えは、あらゆる物質的現象はすべて因縁によって生じる。因縁が和合したときに生じ、因縁が去るときに滅する。だから、物事の不変の本質など問うても意味がなく、すべての真相は空無である、という。われわれも同じで、人を形作っているのは、色受想行識の「五蘊」であって、それがたまたま和合して人になっているだけであり、本性は「皆空」である。人も自然もこの世のものもすべてがそうなのです。諸行無常、是生滅法というわけです。

もともと仏教にとって、「空の思想」は一種の認識論であり、哲学であり、形而上学でした。つまり、この世の現象を説明し、その上で、この世の苦から解放されるための実践論の基礎のようなものだったのです。しかし、われわれは、これを純粋な認識論や形而上学ではなく、「この世はすべて空しきものと知る」などといってある種の無常観や自然観と重ね合わせて了解した、といってよいでしょう。

利休の侘茶《わびちゃ》などにも色(物質的現象)の本質に空無を見ようとするところがあり、その空無にたてば見えてくる真の色(世界)がある、という精神が垣間見られる。そして茶室のあのシンプルな「静寂」はまた「空」や「無」に通じるものなのです。西行があれほど桜をめでたのは、それが瞬く間に散ってしまうという空無感を孕んでいるからであり、逆にこの空無を刻印されているからこそ、ことさらわれわれはその見事な色に愛惜を感じるのです。同じように、現世の人の出会いは永遠ではありえず、朝に元気であったものが夕には死するなどといって、われわれは、生のうちに死の影をみ、また、死を思うことで、生のいとおしさを感受しようとしたのです。

しかし、もともと『般若心経』は、現世の苦を乗り越え、解脱するための究極の形而上的な真理です。それは最強で究極の覚り（無上正等覚）です。この究極の真理に立てば、物質的現象がすべて無常ですから、死は当然ということになる。いちいち騒ぎ立てるようなことではありません。縁が尽きれば肉体が滅ぶのは当然です。これがこの世のならいというものであり、生も死も、この世の現象世界の話です。五蘊皆空であれば、死は別にどうこういうことでもないはずです。現世の生も虚仮なら、生の消滅（死）もまた虚仮なのです。

つまり「諸法空相（すべてのものは実体がない）」のであるから「不生不滅（生もなければ死もない）」ということになるでしょう。こうなれば、生も死ももはや問題にする必要もないでしょう。

「はじめに無明ありき」

さらに『般若心経』はこんなことも述べています。「無明はなく、無明が尽きることもない。老死もなく、老死が尽きることもない」と。どういうことでしょうか。仏教は、もともと老死の苦から出発した。その克服を目的にしました。ではどうしてそのような苦が生じるのか、その因縁を明らかにしたのが「十二縁起」であり、その出発点が「無明」と呼ばれるものです。無明とは、真理に対する根本的な無知ですが、その根本的な無知のおかげで、われわれは人間がもっている根源的な、いわば本能的な欲望にどうしようもなくつきうごかされる。しかも、そのことを知らない。フロイトのいった無意識の欲動のようなもので、それを過去生から受け継いでおり、それについてわれわれはまったく無知なのです。「はじめに無明ありき」で、それがすべての出発点となり、その後の様々な煩悩を生み出し、最終的には、老や死という苦をもたらす、という。

そこでどうやって無明から逃れられるか。それは、無明など本当は（実体としては）存在しない、つまり空である、と知ることである、というのです。そうすれば煩悩もなくなり、したがって、老死の苦もなくなる、という。十二の因果など実際には存在しない（空）といっているのです（もともと因果から出発するのが仏教ですから、これは驚くべき「理論」ではないでしょうか）。そのことを覚れ、というわけです。だけど本当に、一切皆空などと思えるのでしょうか。そこで『心経』は、何とまた、「無明がなくなることもなく、老死の苦がなくなることもない」というのです。

無明というものを突き詰めてゆくと、フロイトがいったような生の欲動のようなものに行きついてしまうでしょう。生命力の一部は、本能的な欲望からでているといってよい。それがわれわれの肉体や感覚を通して、この現実の生に快楽をもたらしたりもし、また苦痛も与える。苦のひとつに五蘊盛苦《じょうく》というのがあって、これなど、まさに、生のエネルギーが横溢し元気が良すぎるゆえの苦しみといったところです。しかしだからこそ、老い、やがて死を迎えることはもっと苦しいのです。

こうしたことを徹底的に「空じる」ことができれば、確かに苦はなくなるかもしれません。しかし、それでも「生の欲動」の作用は決してなくなるわけではなく（それがなければそもそも人は生まれてきません）、すべての根本である無明もなくなることはありえないでしょう。とすれば、それを無理やりに「空じる」ことは、別の自我への執着であり、別の煩悩に囚われることになる。何が何でも欲動を抑え込む、というあまりに禁欲的で強力な自我がでてきてしまう。フロイトでいえば、徹底的に自我（エゴ）が強化される。とすればそれもまた「覚り」から離れてゆくでしょう。自我の本性、空から離れるからです。こうして、「無明がなくなることもなく、老死の苦がなくなることもない」ということになる。

とすれば、どういうことになるでしょうか。結局、無明は無明であり、老も死もある。

それから人は決して逃れることはできない。これが現実です。生老病死の四苦から完全に抜け出ることなど現実世界では決してできません。しかし、その「空性」を知れば、無明やまた十二縁起などというものに縛られることもない。そうだとすれば、生の楽しみも苦しみもそのまま受け止め、老と死をありのままに受け入れる、ということになるのではないでしょうか。

人間は欲望をなくすことはできない。しかし、だからといって、それを野放しにすると、欲望に押しつぶされ、欲望に使われてしまう。これはほとんど畜生の世界への頽落です。苦そのものです。だから、一度は、われわれが追い求める欲望の対象など、実は実体をもたない仮象であるとしてその「空性」を知らなければならない。しかしそれでも、現世で生きる限り、殺傷もし、時には贅沢もし、快楽も欲する。とすれば、本性の空や無を知りつつ、囚われずにそれを自然に受け入れるほかありません。

老・病・死についても同じです。もちろん、老も病も死も苦痛を与えるし、時には恐怖さえ与えるでしょう。だが、それさえも実体ではない。またそれを恐怖している私もまた実体ではない。こうして一度はその空性を知ることが必要になる。

しかし、とてもではありませんが、本当にそのような知恵に到達することは不可能に近いでしょう。それこそ、この世ではありえない般若（真理を把握する智慧）で、現世に生きるわれわれにはしょせん無理な相談です。となれば、その空性を知った上で、老・病・死をそのものとして受け止めるほかない、ということになるのではないでしょうか。

「ほんまに、死にとうない」

もちろん、「そのものとして受け止める」のもまたたいへんに難しい。病気の時の肉体的苦痛は耐えがたく、生の最終局面での苦しさも忍びがたい。それを「空性」でもって涼しい顔をして「生もなければ死もない」などとうそぶくことなどできません。臨済宗の僧侶、松原泰道氏の『般若心経入門――276文字が語る人生の知恵』（祥伝社新書）という本のなかに、江戸時代の博多に生きた仙厓《せんがい》という禅僧の話がでてきます。この人が臨終のとき、弟子が辞世の言葉を求めます。するとこの高僧は「辞世の句はない」という。重ねて弟子が求めると、「ほんまに、ほんまに、死にとうない」とつぶやいて死んだ、というのです。

これは、生も死もない、と空じつつ「死にとうない」といっているのです。親鸞も似たようなことをいう。それも、弥陀の本願を信じつつも死にたくないのです。親鸞は、どんなに死にたくないと思っても、娑婆の縁が切れて、力尽きれば、自動的に死ぬものだ、という。それはわれわれの力ではどうにもなりません。十二縁起を否定しても、そんなこととは関係なく、老も死も苦しく、しかし、現世では計り知れない力で死がやってきます。だから、死にたくないという現世の煩悩のままに弥陀の本願を信じるのです。

松原氏は、生も死も人間の自由な選択の外にあって、どうにもならないものだから、どうにもならない、と素手で受け取って腹をすえ、このかけがえのない人生を、ひたすら生かされ、生きてゆくのが永遠に生きることだ、と述べています。親鸞は、生かされるも死ぬも極楽往生へと導く弥陀の手に委ねるという他力本願を唱えた。生も死も、自分の思い通りにはならない、だからこそ煩悩にまみれて苦が生じるのだとすれば、それをそのまま受けいれるほかかない。こちらにできることは、生も死もその苦も、十二縁起などというものも空だと知り、欲や煩悩に翻弄される自我も空だと知り、その上で、苦は苦としながら、できるだけ人生を充実させる、つまり「よき生」を実践するしかないでしょう。こうして、「生のなかに死があり、死のなかに生がある」(松原泰道)のです。いいかえれば、「無」や「空」(あるいは「死」)は、生の向こうにあるのではなく、現世のまさに「いまここの生」とコインの表裏のように張り合わされているのです。

第十章　「死」と日本人――生死を超えた「無」の世界

「生も死も無意味」を問う

友人や知人と、時々生や死といった話をしますが、たいていの人は、なぜわざわざ生や死の意味など問う必要があるのか、といいます。彼はこういう。「死」にも「生」にも特別な意味なんかないではないか。人間だって、ただの生物体だ。生物体として生まれ死ぬだけのことだ。そんなことを考える必要もない。生きている間は、やりたいことをやればそれでいいじゃないか、それで何が問題なのだ、と。

その通りなのです。私自身もそう思う。ただ、そうはいっても、これもひとつの死生観であり、ひとつの死の哲学なのです。本人は、生や死の哲学など意味がないといいながら、実は、これ自体がすでに生と死の哲学になってしまっている。しかも、「生も死も無意味」というのは、実は、りっぱに仏教的死生観そのものでもあるのです。ただ、仏教は、その「無意味さ」の意味を徹底して突き詰めようとしたのですが。

私の友人は、「生も死も無意味だ、だからそんなことは何も考えずに楽しめばよい」という。徹底したニヒリズムというほかありません。そして仏教も「生も死も無意味」は共有する。しかし、そこからニヒリズムに陥るのを避けようとする。仏教の目指した方向は、どうして生も死も無意味なのか、と問うことでした。その無意味さの根源を探り、それを因縁や因業にもとづく空や無の観念に求め、そこから、生も死も空（無）であると知ることで、生に対する、そして同時に死にさいしてのひとつの境地を提示しようとしたわけです。特に、死というものに人間が直面するという絶対的な条件の意味（あるいは無意味）から、逆に生を見ようとしたのです。

私も、基本的には「生も死も無意味」の立場にたっています。これはひとつの死生観です。しかし、そこから、ただちに「だからやりたいことをやって楽しめばいいじゃないか、難しいことなど考える必要はないじゃないか」とはならない。このニヒリズムをひとたび認めてしまえば、「生も死も無意味」であるにもかかわらず、逆に生に執着し、欲望に取りつかれ、結果として、この無意味なものに振り回され、苦しめられることになるでしょう。好きなことをするにも様々な障害や面倒がでてきます。また、どれだけ好きなことをやっても決して充足などできません。こうなると、好きなことをすること自体が苦を生み出すでしょう。快楽をえること、楽をすることが逆に苦を生む。それならば、「生も死も無意味」の死生観のよってたつところをもっと問い詰めてみたくなるのです。

「生きる術」と「死ぬ術」

もっとも、こんな問いを発することも現代社会では難しくなりました。たいていの人は、仕事に忙殺され、株や投資で金を得ようとし、そうこうしているうちに気が付けば顔にしわができ、調子が悪くなり、人間ドックにいって癌の宣告でも受けて、いきなり「死」が襲ってくる。突然、「生」が遮断されてしまう。

しかしどうも、そう考えるのは、現代日本人だけではないようで、古代ローマの哲学者であるセネカもこんなことをいっています。

何かに忙殺されている人間は、忙殺されているうちに、稚拙な精神をもったまま、何の準備もなく、いきなり老年に襲われる。そこであわてて、この老人は、わずか数年の延命を乞い求め、空しい若作りで老いをごまかそうとする。しかしそれでも病気や衰弱が襲ってきて、死を思い知らされる。そのときになって、怯えながら末期を迎え、自分の人生はおろかだったと後悔するのだ、とセネカは述べている（『生の短さについて』）。

人生を何かに忙殺され、「死」について一切思考停止のままで過ごしてゆくとこんなことになるぞ、とセネカはいうのです。仕事であれ、快楽であれ、金儲けであれ、名声を博することであれ、何かに忙殺される人ほど、生の自覚に欠けるものはいない。実際には、「生きる知恵」や「生きる術《すべ》」ほど難しいものはなく、また「死の術《すべ》」も生涯をかけて学び取らなければならないものだ、と彼はいう。

だから、時間に忙殺されずに静かに思索にふけり哲学に心がけよ、とセネカはいうのですが、それはともかく、ここで、生の充実ばかりを求めておれば、最後には生を後悔する、というのは当たっているかもしれません。われわれは、もう最初から、めいっぱい時間を使い、働き、活動をし、楽しみ、幸福を追求することこそが充実した生だと思っています。金を作り、出世し、社会的な名声もえ、人から羨ましがられる暮らしをし、世界中を旅してまわり、うまいものをたらふく食べ快楽を求める。またそうしなければ人生、損をしたような気になる。これこそが生の充実だとわれわれはどうも思っている。

特に日本やアメリカのように「ビジネス文明」にすっぽりはまってしまえば、「ビジー・ネス」つまり「忙しくあること」そのものが価値になっています。暇なのはそれだけで犯罪的と見られかねないのです。

欲望や快楽に縛られている無様

しかし、そんなことをやっているうちに、突然、老と病が襲い掛かってくる。その時に、結局、ただただ動き回っていたあの時間は何だったのだろうか、と思う。何とかして生きながらえたいと延命治療でも願掛けでもお布施でも何でもやって、いささか無様な姿態を周囲にさらけだす。こんなみじめなことになるのはいやだ、とセネカはいっているわけです。

それならば、まちがいなくやってくる老・病・死を、先延ばしにするのではなく、いまここで、常にそのことを想起し、それを今ここでの生に組み込んでゆくべきである、という。それが「生の術」であり「死の術」なのですが、そのためには、「暇」がなければならない。哲学がなければならない。ものを考える静かな時間がなければならない、というわけです。

といえば、古代ローマの貴族ならともかく、みんなが労働者になってしまった現代社会で、そんな「暇」などどこにあるのか、という声が聞こえてくるでしょう。思索も哲学も、そんな余裕がどこにあるのか、と人はいうでしょう。

しかし、セネカがいっていることを現代風に少し変形してみれば、別に暇な時間をこしらえろ、といったことではありません。仕事人間であることをやめて隠居せよなどといっているのではない。ただ、金を欲しがり、社会的な評判を追い求め、他人より少しでもいい生活がしたいという欲望に囚われていてはどうにもならない、といっているのです。それでは本当に幸福な人生にもならない、といっているのです。

かりにそれを「世俗的活動」といっておけば、「世俗的活動」だけに囚われて、ただただその活動に忙殺されてはならない。少なくとも、精神的な次元で、その世俗を離れる余裕をもたなければならない、という。目の前の仕事や快楽に縛られ、生の意味など問いかけることも忘れてしまったその自己を、少しは見つめなおす余裕をもて、といっている。

現代社会では、「働き方改革」などが叫ばれるように、確かに、仕事に忙殺されて、自分の時間も持てない人がいるのも事実ですが、他方では、抹茶パフェひとつ食べるのに2時間も並んだり、有名な観光旅館に泊まるのに半年も前から予約したり、明け方まで飲み屋でカラオケをやっていたり、夜中に何時間もパソコンやスマホと戯れていたりと、本当のところはかなり「暇」なのではないか、とも思えてきます。

いずれにせよ、問題は精神的なもので、「多忙な世俗」を離れるには、頭ひとつぐらいは世俗を脱出しなければなりません。世俗のなかにあっても、頭ひとつだけは出家する必要があるのです。頭の外見を坊主風にする必要はないとしても、頭の中を真っ白にする必要があるのです。その頭ひとつ分の出家を可能とするものは、人生の最後にやってくる老や病や死を思い浮かべることです。いや、実は、いつ病に倒れ死が襲ってくるかもしれません。そのことを世俗の日常の次元に持ち込んでくることです。老も病も死も、いずれ未来のいつかやってくる偶発事ではなく、すでにいまここに繰り込まれている、と考えることでしょう。

死という敵とつきあうには

「死」は、世俗のさなかでおきる、徹底して世俗を超えた現象です。死が不気味なのは、それが、世俗の日常生活のまんなかで生じる超世俗的で非日常そのものだからです。死は、われわれの経験を超えた出来事で、われわれにとって、管理不能な突発的で偶発的な事実です。しかしそれでも、その偶発的出来事が必然であるという想定は、あくまでこの世俗世界の内側の話なのです。われわれの世俗的な「生」は、常に、世俗を超えた「死」によって条件づけられており、そのことを知ることは、この世俗的な生のなかに、多少は脱世俗的な出家（セネカのいう「暇」）を持ち込むことになる。

同じようなことを、哲学者のモンテーニュも次のようにいっています。死という敵とうまくつきあい、慣れ親しみ、あらゆる瞬間に死を想像しよう。馬がつまずいても、瓦が落ちてきても、針の先がちょっと刺さっても、これが死だったら、と思い返してみよう。そして、どんな快楽のなかにあっても、それに身を任せすぎずに、それが実はどれほどの死によっておびやかされているかを忘れないようにしよう。昔のエジプト人たちは、宴会でもっともよい御馳走が出てくるときに、死者の乾燥した骸骨《がいこつ》を持ち出してそこへ置いていた（『エセー』より）。

「馬がつまずいても、瓦が落ちてきても……」は少し過敏にも聞こえますが、そうではありません。何よりも、あの東日本大震災が残した最大の教訓は、死はいつ襲ってくるかわからない、生と死は隣り合わせだった、ということでした。だから、少なくとも精神の上だけでも、生は常に死を組み込んだものでなければならない、ということだったのです。われわれの生の背後には、目には見えないけれども常に死が張り付いており、死の上に張られた薄い膜の上に日常生活が現成している、ということです。中世のヨーロッパではペストなどの疫病が地震の代わりを果たし、「メメント・モリ（死を想え）」と言われ、先のモンテーニュも、そうしたことを前提にして「哲学すること、それはどのように死ぬかを学ぶことだ」といったのです。

死の自覚的な意識とは、この日常的な世俗世界に限界を画することです。先にも述べたように、死はきわめて個人的な出来事であると同時に、その個人などというものを超えてしまう。個人を組み立てている人格性や個性や多様性や差異性など、すべてが普遍的な「死」によって消し去られる。それは確かに恐るべき「絶対的なもの」なのです。

世俗的な世界、つまり精神と物質からなるわれわれの生の現実世界の裏に、あるいは見えない場所に、超世俗的で絶対的な聖性の世界を見ようとすることを、鈴木大拙は「霊性の自覚」といいました。それは一種の宗教意識といってよいのですが、それを発動させる典型が「死」へ向けられた意識なのです。

もちろん、日本人は、昔から、巨木や岩や滝などの自然のなかに神聖な超自然的な「カミ」をみ、自然の働きのなかに神秘的な生命をみました。特に、山は古代の日本人にとっては、「カミ」の住む場所であり、霊的なエネルギーの貯蔵場であり、死後の魂が向かうところでもありました。

また、生きた人間のこの世界の向こうに黄泉の国のような霊魂の落ちつく場所をみたりしてきた。

それも霊性といえば霊性なのですが、その超世俗的な聖性が自覚的なものにまで高まるのは、確かに大拙のいうように鎌倉期といってよいでしょう。神道の方でも伊勢神宮のもととなる『神道五部書』などで教義化が進む。しかし同様の霊性的自覚が顕著に、しかも大衆的な規模にまで拡大してゆくのは、なんといっても仏教の興隆が大きいでしょう。

ゴータマ・ブッダが老・病・死から大きな衝撃を受けて、生そのものを苦と考え、生老病死の四苦からの解脱を求める、というのが原始仏教の始まりですが、それからもわかるように、仏教の基本は、まずは、すべて生あるものは滅するという事実の凝視です。つまり死を凝視し、その上で、生に対する執着を取り去ることです。

そのために仏教が用意したのは、この世に確かなもの、不変なものは何一つないという一切皆空、また五蘊皆空の教えでした。自我も空であり、飛花落葉、盛者必衰。どんな美しいものもやがては醜悪になり、栄華をきわめた王朝も滅びる。美も権力も実体としては何ひとつ存在しない。となれば、生への執着などただ幻に囚われているだけではないか。

「日常のなかにこそ覚りはある」

このように知れば、現世への執着を捨て去り、この世の生を超越することができる、というのです。生とは、たまたまの因縁が引き起こした偶然の連続だと知れば、生も死も幻と知ることができる。死の恐怖や死の苦痛にも囚われることはない。こうして、死を克服することもできる。つまり、生もなければ生が滅することもないというわけです。死を克服するというのは、死にやたら囚われ、それを恐怖したり、取り除こうとする意識をなくすということです。それが「不生不滅」または「不生不死」です。生もなければ死もない。一切は空である。これが実相であり、そこに真理がある、という。

そして、ひとたびそのことを知れば、すべてのものがこの「空」によって成り立っている、と知ることもできるでしょう。すべては、「空」あるいは「無」において「ある（有）」ということにもなる。色（この現実世界）を空ずることで空（無）を知るのではなく、色そのものが実は空（無）であると知り、その空（無）そのものがまた色だと知るのです。かくて、色即是空、空即是色であり、一切皆空、一切皆成となる。

このように、この世俗世界の向こうに（あるいは裏側に）超世俗的世界があることを知るのが霊性の自覚にほかなりません。大拙は、精神と物質からなるこの世界の裏に今ひとつ別の世界が開けて、このふたつの世界がお互いに矛盾しながら、しかもお互いに映しあうことが霊性的直覚である、という。このもうひとつの世界が、われわれの生きている現実世界の背後に張り合わせになっていること、その知恵に目覚めること（正覚）こそが霊性の自覚ということになるでしょう。ここで大事なことは、霊性の自覚は、何か日常を離れ、世俗から隔離された場所で覚醒するのではなく、まさに日常のなかで直覚することなのです。「空」や「無」において、すべてのもの（「有」）が現成していると直覚することなのです。

曹洞宗の開祖である道元は『正法眼蔵』の「現成公案」でこんなことをいっています。魚が水のなかを泳ぐときに、魚はその際など知らないし考えもしない。鳥が空を飛ぶ時にも、空の際など知らない。ただ、いまここに水があって命があり、空があって命があることを知っているだけである。寿命あるものの生とはこのようなものだ。それを、水をきわめ、空をきわめてから水中を泳ぎ、空中を飛ぼうなどという魚や鳥がいては生きてゆけない。そうとわかれば、生の場である日常こそが、日常を超えた理法（公案）の現れ（現成）にほかならない。だから、日常のなかにこそ覚りはある。

霊性への自覚とは、このような日常の意識の持ち方であって、脱世俗化した隠遁生活や、激しい鍛錬、修行によって得られるというわけではない、という。もっとも、日常生活そのものが修行であるというのはこれまたたいへんなことで、道元自身は、越前の山中にこもって修行に励み、今日でも禅僧にとっては、寺の寒い板張りの部屋でお茶をすすり、歯を磨くことさえも修行そのものなのです。

しかし、ここでいいたいことは、覚りをえる方法ではありません。そうではなく、ひとつの心構え、あるいは精神的な態度について述べたいのです。

道元が、日常のなかに修行があり、覚りがある、というのは、現世のすべてのものが「空」や「無」の表現だからです。「空」や「無」において「色」が現成しているからです。逆にいえば、「色」の奥底に「空」や「無」があるということです。だから、それをそのまま認め、そのままに受けとれ、という。そこに自我など持ち出し、これは私のものだとか、これこそ私の個性だなどといって自我やもの（色）への執着を持ち込んではならない。ここにあの有名な道元の言葉が出てきます。

「仏道をならうというは、自己をならうなり。自己をならうというは、自己をわするるなり。自己をわするるというは、万法に証するなり」

現代風にいえばこうです。「仏道の真理を知ることは自己を知ることである。自己を知るとは己を消すことである。己を消すとは、あらゆる現象のなかにそのまま身を置き、それらによって覚らされていると知ることである」。自己を知ることができるのは、自我を離れ、この世俗世界の現象のなかで、ありとあらゆるものによって自分を覚らされるからだ、というのです。

「不生不滅」「不生不死」の真理

こんなこともいっています。「自己をはこびて万法を修証するを迷いとす、万法すすみて自己を修証するは覚りなり」と。つまり、自我があって、その自我（主体）が現実世界のあらゆる現象を知る、というのは迷いである。そうではなく、現実世界のあらゆる現象のなかにはいって、そこに自己をおき、それらによって自己を知るのが覚りである。

だから、本当の真理はどこにあるか、といえば、すべての現象の根底に不変の理法（一切は空であり無であるという存在の理法）が横たわっているがゆえにこそ、すべての現象は、実は不変の理法を現している、ということになるでしょう。だから、この日常生活のあらゆる現象を、そのものとして知り、受けとめ、味わい、懸命《けんめい》に生きることが修行だということにもなるのです。

しかし、それならば、生があればまた死もある、ということはどうなるのでしょうか。懸命に生きても死んでしまうだけではないのでしょうか。現実には、確かに生もあれば死もある。だから、生も死も不変の理法の現れとして受け入れるだけのことです。生は生であり、死も死であるとして当然のこととして受け取ることになる。生が死に移行するのではなく、生は生であり、死は死である。それだけだ。だから生に執着する必要もなければ、また、死をことさら恐れることもない。

だがそこで道元は少し面白いことを述べています。「かくのごとくなりといえど、花は愛惜に散り、草は棄嫌におうるのみ」と。つまり、万物は消滅するなどといっても、しかし、花が散るのは惜しく、草が生い茂るのは嫌な気になるものだ、という。そして、それもまた空即色なのです。そこに自己を証するのです。大事なのは、あらゆるこの世の現象に一切皆空という存在の理法を見るという精神的な態度をもって臨み、しかし、その上でもなお、花が散るのは惜しく、人と別れるのはつらく、まして死別は悲しくも恐ろしいのです。

ここでもう一度、死生観に戻りましょう。ここには、ある意味では、日本的な死生観を突き詰めた独特の観念が表出されているのではないでしょうか。道元を少し離れて、ここにある論理をもう一度、追っておくとこういうことになるでしょう。

『法句経』に「生はかならず死に終わる」という言葉がありますが、死へ向かう苦や恐怖をどのようにして克服するかは、仏教のひとつのテーマでした。それに対する答えは、まずは死を凝視しつつ、生の実相を知り、生への執着を断つことです。それは、自我もまたこの世界の現象もすべてが無（空）である、と知ることです。「自己に固執することをやめ、世界を空なりと観ぜよ。そうすれば死をわたることができるであろう」（中村元訳『原始仏典』より）。確かに、すべての存在の根本が無であれば、生も死もありません。不生不滅、不生不死なのです。そう考えれば、死をなくすことはできませんが、死を受け入れることはできるのではないか、という。

不生不滅、これはいわば絶対的な真理です。しかし、それは現実世界を超えたものです。現実世界では、人は欲望をもち、ものを所有して喜び、自我をどこまでも膨張させ、最後は病院のベッドに括り付けられて死んでゆく。キリスト教のように、肉体は滅びても霊魂は永遠だと信じられればまだしも、また、法然のように、死後極楽往生できると決定《けつじょう》すればともかく、あるいは、平田篤胤のように、死後の魂は目には見えない幽界で常に生者とともにあると信じられればともかく、現代人はそう簡単に永遠の霊魂を信じることもできません。

ではどうすればよいのか。われわれは、いってみれば、この世俗的な現実世界に閉じ込められています。生も死もこの世俗世界にある。しかし、そういった時には、どこか、この世俗世界を超越しようとしているともいえる。超越世界からみれば、われわれの生きるこの現実世界ではすべてが生々流転し、生あるものは死すと思っている。この世界ではすべてが相対的で、万物は生じては滅する。しかしその時すでに、潜在的にであれ、この相対世界を超えた永遠の絶対的世界を想定していることになります。

すべてのものが生じてはまた滅するような世界、そのなかで、すべてのものが生まれては死んでゆく、その生命的な運動が永遠に繰り返される世界を想定していることになるでしょう。それが不生不滅の世界、生も死もない永遠の世界、すなわち無（空）の世界なのでしょう。だから、空や無とは、何もない、ということではなく、すべてのものがそこにあって常に姿を変えながら運動しているその生命的な運動そのものともいえるでしょう。

われわれは、もちろん、この絶対的な無の世界、あるいは真の空に生きることはできません。それはひとつの想像世界であり、ひとつの境地といったものです。われわれが現に生きているのは、俗界であり、穢土とはいわぬまでも、美も醜もあり、善も悪もある相対的世界です。

しかし、ひとたび、この俗世にありながら、絶対的な無、真の空という万法の実相に思いをいたせば、俗世の現実の見え方が異なってくるでしょう。絶対的な無（空）、あるいは永遠の生命の運動を前提において現実をみれば、この現実の神羅万象が、絶対的な無、あるいは永遠の無、あるいは永遠の生命の、現実への投射であるようにも思えてくるのではないでしょうか。

美醜や善悪を超える「無」

改めていっておきますが、ここでいう無とは、常なるものは一切存在しない、すべては実体としては捉ええない、ということでした。現代物理学的に形も質量もないダーク・エネルギーとでもいっておきたいのですが、物質という実体は存在しない、しかし何かを生み出す、そしてすべてをそこに飲み込んでしまう何かがある。それを「無」というより他にいいようのないものがある。こういう風に考えてみたいのです。

すると、物質的現象はすべて生まれては滅してゆく、といってもよい。そのこと自体が「無」の表現であり、それが現実に形を成したものだ、ということにもなる。それは「無」からでて、おのずと生育し、またおのずと滅して無へ帰してゆく。われわれ自身もまたそうなのです。それをそのまま当然の理として認めるところに、日本人は「自然《じねん》」を見たのではないでしょうか。花は咲くもよし、散るもよし、であり、人も同じです。生きるもよし、死ぬもよし、ということです。すべてが、「自然」のおのずからの作用なのです。

もっとも「自然」などといいながら、実はそれはとてつもなく難しい境地というほかありません。本当に「自然」、つまり「おのずからあるがままに」任せるなど、容易にできることではありません。

親鸞のいう「自然法爾」なども容易ならざる、考えようによっては恐るべきこころの定め方を述べたものでした。

「花は咲くもよし、散るもよし。人は生きるもよし、死ぬもよし」という、すべてを受け入れることなど容易にできません。「自然」に任せる、というのは、一種の全面的な現実肯定であり、現実の全面的受け入れなのですが、それができるには、そこに、一切皆空という全面的な現実否定が同時にあるからなのです。このことを無視してはなりません。鈴木大拙のいう「即非の論」です。「花が美しいのは、花の美などいっさいない(無)から、花は美しい」というわけです。「生は、生ではない(無である)から、生として充実する」のです。「私は、私などない(無私)からこそ、真の私でありうる」のです。

この即非の論が成り立つのは、世俗を超えた絶対的なもの(絶対無や真空)が、どこかはるかかなたにあるのでもなく、死後の世界にあるのでもなく、まさに、空や無がいまここで世俗世界に張り付いているからなのです。

日本人にとっての「死」

そうはいっても、世俗の現実にあって、われわれはもちろん覚ることなどできません。生も死もないなどととても思えません。善悪や欲望から逃れられません。不生不死、生死即涅槃《ねはん》などとても無理です。しかし、それでも、永遠の無や空といったものへ眼差しを向けることはできるでしょう。そのとき、絶対的なものとは、どこか超越世界にあるのではなく、われわれのこころの奥底にあるというべきではないでしょうか。どこか、はるかかなたの手の届かないところにあるのではなく、われわれ自身のこころの奥底にあるのではないでしょうか。

哲学者の西田幾多郎は、そのことを、われわれのこころの奥底には絶対無がある、といいました。それは、西田やまた大拙がいうように、われわれを映し出す鏡のごときものというべきものなのでしょう。

「生も死も無意味だ」から出発して、その「無意味さ」こそが、自我への執着を否定したうえで、現実世界をそのまま自然に受け止めることを可能にするのです。われわれは、草木のように土から生まれ、また土に戻ってゆき、そしてまた別の命が芽をだす。すべての存在がこうした植物的な循環のなかにあることをそのまま受け止めるほかありません。不生不死とは、生まれたものは死に、次のものがまた生まれるという植物的で循環的な死生観をいい換えたものといってもよいでしょう。

生も死も自然のなかにある。そこにおのずと生命が循環する、ということです。この自然の働きに任せるのです。

とすれば、われわれは特に霊魂はあるのかないのか、あるいは来世はあるのかどうか、などということに悩まされる必要はない。確かに、生も死もどちらでもよい、などと達観することはできません。しかし、この達観に接近しようとしたのが日本的な死生観のひとつの大きな特徴だったのであり、それは現代のわれわれにも決して無縁ではないでしょう。

あとがき

人間は必ず死ぬものとわかっていても、死について考えることはやっかいなことです。第一、経験談を聞くわけにもいかないので、そもそも考えようがありません。それにどうせ死んでしまったらこの世には存在しないので、あれこれと想像をたくましくしても何の意味もありません。なぜなら、「意味」を求めること自体が「この世」での話だからです。

だから、死について考えたり論じたりする行為など無意味である、という理屈も十分に分かり、いや最後はその種の結論に達するのかもしれないと予感しつつも、本書で私が試みているのは、私なりの死の観念なのです。

そんな試みを敢行してみようと思った理由はいくつかあります。

第一に、死など不可知だとわかっていても、人間とはどこかで死を意識する動物である、というきわめて「人間的な」かつ一般的な理由があります。

第二に、おそらく人は年とともにどうしても死を意識せざるをえないという、これも一般的な事情があり、私自身もそういう方向へ近づいている、という個人的事情がここに重なります。

第三に、個人的事情は別としても、日本は今後、すさまじい勢いで超高齢化社会へと突入し、しかも独居で最後を迎えるであろう人も無視できない数にのぼるでしょう。こうなると、死とどのように向き合うかは、ひとつの社会問題にもなってくるでしょう。

第四に、その場合、果たして日本人の伝統的な死生観によりどころを求めることはできるのか、という課題もでてくると思われます。そのような実用主義は別としても、そもそも日本人の死生観とは何か、という関心はいやおうなくわれわれを惹きつけることになるでしょう。いわば日本人の宗教的精神を問うことになります。私自身は、本書で論じたように、主として仏教的な精神のありように関心があるのです。

そして第五に、これがもっとも重要なのですが、死を論じることは実は生を論じることにもなるのです。人間は死すべき存在である、という命題はまた、人間は死を意識しつつ死へ向かって生きる、ということをも意味し、これはまさに生き方を論じることでもあるのです。「死」と「生」は対の問題です。にもかかわらず、往々にして、「死」はただ「生」の切断であり、「生」を終わらせるものだ、と考えられがちです。そうではなく、「死」、正確には「死への意識」が「生」を支え充実させることもあるのです。
という次第で、本書は、「死の意識」という舞台にのせて、「死」と「生」を論じたものです。「生と死」というより、「死と生」といった方がやはり適切でしょう。力点は「死」の意識の方にあって、そちらから「生」を見る、ということです。

本書のもとになった原稿は、雑誌「新潮45」に連載している「反・幸福論」の2017年7月号から2018年4月号までで、それに多少の加筆修正を施しました。読者には失礼かもしれませんが、専門的な厳密性も資料的な実証性もまったくおかまいなく、ただただ、頼りない思考の痕跡を実験的に書いてみる、というのが、この連載のありがたいところで、本当に、こんな機会はめったになく、ありがたいものです。この連載から生まれた新書がすでに六冊、選書が一冊ですから、これで八冊目になります。

雑誌にこのありがたい機会を与え続けてくれている大畑峰幸さんと、今回もまたありがたくも新書にまとめていただいた丸山秀樹さんには、こころから感謝申しあげます。

平成30年5月25日

佐伯啓思

本書は、月刊「新潮45」連載の「反・幸福論」（二〇一七年七月号〜二〇一八年四月号）に加筆を施し、改編しました。

佐伯啓思　1949(昭和24)年奈良県生まれ。京大名誉教授。京大こころの未来研究センター特任教授。東大経済学部卒業。東大大学院経済学研究科博士課程単位取得。『反・幸福論』『西田幾多郎』など著書多数。

Ⓢ新潮新書
774

死《し》と生《せい》

著　者　佐伯啓思《さえきけいし》

2018年7月20日　発行
2018年8月10日　2刷

発行者　佐　藤　隆　信
発行所　株式会社新潮社
〒162-8711　東京都新宿区矢来町71番地
編集部(03)3266-5430　読者係(03)3266-5111
http://www.shinchosha.co.jp

印刷所　大日本印刷株式会社
製本所　加藤製本株式会社

ISBN978-4-10-610774-0　C0210